佐々木敦

●●

増補・決定版 ニッポンの音楽

扶桑社文庫

787

はじめに

本書は、一九六〇年代の終わりから現在までに至る、この国のポピュラー・ミュージックの流れ、すなわち「ニッポンの音楽」の歴史を、できるだけコンパクトに通覧してみようとするものです。

できるだけコンパクトに、とはいっても、なにしろ半世紀もの歳月が流れているわけですから、簡単なことではありません。ある程度以上の長さの時間的経緯と出来事の連なり、すなわち「歴史」を紡いでいくにあたっては、全体を眺め渡すための視点を設定し、何らかの編集方針を持たなければ、ただ起こったことや人々の営みを順繰りに述べていくだけでも、非常に長大な本になってしまいます。

そこで本書においては、あらかじめ「ニッポンの音楽」の幾つかのポイントを提示しておいて、それらの問題意識に寄り添いつつ、その「歴史」を語っていきたいと思います。

まず第一に、本書では、広い意味での「日本のポピュラー音楽の歴史」を、われわれが普段なにげなく使っている「Jポップ」という言葉が登場する「以前」と「以後」に、大きく二分割して論じていきます。本論で詳しく書きますが、この「Jポップ」という語が生まれたのは一九八〇年代末のことです。「Jポップ」が誕生する「以前」の約二十年を前半（第一部）の第一～二章で、「Jポップ以後」のおよそ二十年を後半（第二部）の第三～四章で扱います。そして第一部と第二部の間に「Jポップの誕生」というインタールードが、第四章のあとには二〇一五年以降を扱った補論が置かれます。

もう少し細かく言うと、本書で語られていく「ニッポンの音楽の歴史」は、第一章が「七〇年代」、第二章が「八〇年代」、インタールードを挟んで、第三章が「九〇年代」、第四章が「ゼロ年代以降」になっています。つまり、ひとつの章がひとつのディケイドすなわち十年間の区切りに相当するシンプルな構成になっています。しかしそれぞれの章は、たとえば第一章は「六〇年代末」、第二章は「七〇年代末」といったように、実際にその章で扱われるディケイドのひとつ前の時代の終わりから語り始められています。このことには理由があるのですが、それは本論でおいおい明らかにしていくので、ここでは述べません。ともあれ、一章ごとに「七〇年代」「八〇年代」「九〇年代」「ゼロ年代」と、時間軸に沿って進んできて、全四章の本論を経て、いわゆる「テン年代」に辿《たど》り着く、というのが、この本の構成です。

では何故、このような構成を取ったのか。先回りして述べてしまうなら、筆者は「Jポップ」なるものが、六〇年代末に胚胎《はいたい》され、二十年の歳月を経て、八〇年代末に「言葉＝概念」として誕生し、いつのまにか世の中にあまねく行き渡って、ほとんどこの国の音楽そのものを覆い尽くしたあげくに、そこからまた二十年を経たゼロ年代の末ごろに、いちおうの役割を終えた、と考えているのです。言い換えれば、このことを多少とも客観的に証明しようとするのが、本書の目的ということになります。

第二に、一章で約十年分を語るわけですから、先にも述べたように、どうしてもかなり大幅な省略と焦点化を施さなければ、あっという間に膨大な頁数になってしまいます。そこで、この本では、「ニッポンの音楽」の登場人物を、あえて極端に限定しています。もちろん、名前が出てくる人は沢山居ると思いますが、筆者が特に重要だと考えている数人／数組のミュージシャンに的を絞り、それぞれの章ごとに、いわば主人公（それは必ずしもひとり／ひと組というわけではありませんが）を設定するようにして、「ニッポンの音楽の歴史」を語ってゆくことにします。

本書は網羅的な歴史書でもなければ、資料／情報的な意味での存在意義を狙ったものでもありません。むしろ、すでに多数存在している、そうした書物群によって積み上げられた記録やデータの助けをさまざまに借りながら、しかし時には大胆な推論や想像（妄想）も導入して、筆者なりの、あるひと繋《つな》がりの「物語」としての「歴史」を綴《つづ》ってみようというのが、本書の企図するところです。

つまり、各章で中心的な役割を担う音楽家たちは、紛《まぎ》れもない実在の人物であると同時に、筆者が語ろうとする「物語」の文字通りの「登場人物」なのです。彼らの言動や振る舞いに記述の視点を思い切って収斂《しゅうれん》させることで、ひとつの「物語＝歴史」としての「ニッポンの音楽」は展開していきます。したがって各章のタイトルは「○○の物語」と呼ばれることになります。

第三に、そのようにして「物語＝歴史」を紡いでいくにあたって、本書の論述では「ニッポンの音楽」にとっての二種類の「外部」の存在を重要視しています。ひとつは「洋楽（海外）」という外部、もうひとつは「音楽以外の文化的／社会的事象」という外部です。前者は「ニッポンの（地理的・空間的な）外部」というファクター、後者は「音楽という営みを取り巻く種々の条件／状況」というファクターです。この二つの「外部」と「ニッポンの音楽」との、曖昧《あいまい》にして密接な、微妙でありかつ複雑な、緊張感に満ちた関係性が、まさに「歴史＝物語」を駆動する重大なモーターとして、この本では捉えられていきます。

そして最後に、ひとつの芸術／表現ジャンルの「歴史」を物語ろうとするわけですから、そこには時間的な前後関係が齎《もたら》す「影響」や「継承」、あるいは「対立」や「変化」などといった要素を、どのように考えるのかという問題が、かならず生じてきます。言い換えると、それは「ニッポンの音楽」の「歴史」を、誰かから誰かへとバトンが受け渡されながら高みへと上昇してゆく、漸進《ぜんしん》的な進化の過程として把握できるのかどうか、ということです。

この点についても、あらかじめ述べてしまうなら、本書の基本的なスタンスは、「ニッポンの音楽」の「歴史＝物語」とは、先行する者たちによる達成を、後からやってきた者たちが引き受けて更に先へと進めてゆこうとする試みの、あえなき「不成功」の連鎖である、というものです。しかも、この「不成功」は、実は「成功」でもあるのです。どういう意味でしょうか。それは本論で徐々に詳《つまび》らかにしていこうと思います。

ざっと以上のような方針に沿って、この本は書かれています。ところで先ほど、これは「歴史書」ではない、と述べておきましたが、最初に「ニッポンの音楽」の「歴史」を「物語」る、などと言いながら、そういうものではない、とも言っているのは、ちょっとおかしいのではないか、それは一種の詭弁《きべん》、逃げなのではないか、と訝《いぶか》しむ方もおられるかもしれません。

しかし、本書の執筆動機というか、ここで筆者が考えてみたいと思うのは、あくまでも、いま現在の「ニッポンの音楽」が、どうしてこのような姿になっているのか、その理由や原因があるとするならば、どこに淵源《えんげん》があり、いかなる経緯を経てそうなったのか、そして、ならば「ニッポンの音楽」は、今後は変わってゆくことになるのか、これから先の未来に向かって、この国の「音楽」の担い手と受け手たちは、これからどうしてゆくべきなのか、どんな道がありえるのか、ということなのです。

このすぐ後の頁から提示されてゆくことになる、「ニッポンの音楽」のあるひとつの「歴史＝物語」は、そんな問いへのアクチュアルな解答を探し当てるための、いわば準備作業に過ぎません。言うまでもないことですが、ほんとうに重要なのは、もはや変更しようもない過去ではなく、今ここにある現在であり、まだやってきてはいない未来なのですから。

それでは、始めましょう。

目次

※本書は二〇一四年に講談社より発刊された『ニッポンの音楽』を加筆、改訂したうえで文庫化したものです。

第一部　「Jポップ」以前

第一章　はっぴいえんどの物語

最高傑作『風街ろまん』

最初の物語は一九六九年、四人の若者たちによって、あるバンドが結成されたところから始まります。四人の名前は、細野晴臣《ほそのはるおみ》（一九四七年〜）、大瀧詠一《おおたきえいいち》（一九四八年〜二〇一三年）、松本隆《まつもとたかし》（一九四九年〜）、鈴木茂《すずきしげる》（一九五一年〜）。いずれもまだとても若い、二十歳前後の青年たちでした。

最初は細野、大瀧、松本の三人が「ばれんたいん・ぶるう」という名前で活動を始め、鈴木が加わってから改名します。そのバンドの名前は「はっぴいえんど」。彼らは幾つかのコンサートに出演し、リハーサルを重ねて、一九七〇年八月に、バンド名をそのまま冠したアルバム『はっぴいえんど』でレコード・デビューすることになります。

とはいえ、彼らにとっては「ばれんたいん・ぶるう＝はっぴいえんど」が最初のバンドというわけではありませんでした。細野晴臣と松本隆は、松本が慶應義塾大学在学中に属していたバンド「バーンズ」に、立教大生だった細野が加入したのがきっかけで知り合い、その後も活動を共にして、六九年九月には「エイプリル・フール」としてアルバム『APRYL FOOL』を発表しています。エイプリル・フールはギターの菊地英二《きくちえいじ》、ヴォーカルの小坂忠《こさかちゅう》、キーボードの柳田《やなぎだ》ヒロ（当時は博義）、ベースの細野、ドラムスの松本（当時は松本零）の五人組バンドで、ブルースやハード・ロックを基調とする卓越した演奏テクニックを誇るサウンドで、ライヴでも高い評価を受けていましたが、メンバー間の音楽的方向性の違いが顕在化して、結局たった一枚のレコードを残して解散してしまいます。その後、以前から細野とは友人だった大瀧詠一が細野・松本の二人と合流し、エイプリル・フールのメンバーとはアマチュア音楽サークル「ピープ」で一緒だった一番年下の鈴木茂が四人目のメンバーとして声を掛けられて、はっぴいえんどが誕生したのでした。

アルバム『はっぴいえんど』は、当時音楽ファンに強い影響力を持っていた「ニュー・ミュージック・マガジン（現在のミュージック・マガジン）」が誌上で行った「第二回レコード賞」で、二位にトリプルスコア以上の大差をつけた圧倒的な票を集めて第一位を獲得するなど（ちなみに二位は遠藤賢司《えんどうけんじ》『niyago』でしたが、このアルバムには大瀧を除くはっぴいえんどの三人が参加しています）、デビュー作としては最高と言っていい評価を得ました。そしてその評価は、翌七一年十一月にリリースされたセカンド・アルバム『風街ろまん』で、決定的なものとなります。このアルバムは、はっぴいえんどの最高傑作であるばかりでなく、七〇年代の日本のロックを代表する最重要作品であり、音楽史上に残る名盤です。

では、はっぴいえんどの音楽のどこが一体、それほどまでに人々を惹き付けたのでしょうか？　このことを考えてみるためには、やや遠回りになりますが、まずざっと時代背景を眺めてみる必要があります。

「反米」と「アメリカ化」

ニッポンの六〇年代とは、一言でいうと、二度の安保に挟まれた「政治の時代」でした。周知のように、これは日本だけのことではなく、この時期は世界の先進各国で、学生を中心とした政治的な運動が盛んに行われました。そのエンジンとなっていたのは、言うまでもなく、七〇年代まで続くことになるベトナム戦争と、そのバックボーンを成す米ソ冷戦、そして中国の毛沢東に代表される革命思想です。コミュニズムやマオイズムに感化された青年たちが、世界同時革命への夢に燃えながら、アメリカとの軍事的な同盟関係を強化する日米安全保障条約（安保）の調印に反対して、大規模なデモや武力闘争を繰り広げたのが六〇年代後半の日本でした。それは反米運動であるだけでなく、反体制・反政府運動でもあったのですが、一時は現在からすると驚くほどの一般的な支持も得ていたのです。いわば「政治＝運動」は、六〇年代の大衆的な流行でもあったのでした。

ところが、そのような「運動＝流行」は、七〇年代に入ると急激に失速していきます。七〇年に安保条約が調印されてしまうと、眼前の目標を失った学生運動は、闇雲に活動を過激化させていったあげく、一般大衆の意識からは隔絶した、非合法的なテロリズムへと突き進むことになります。ここで学生運動の歴史を詳しく繙《ひもと》くつもりはありませんが、とどめとなったのは言うまでもなく、一九七二年初頭に発覚した連合赤軍事件です。日本について言えば、「革命」の理想は、最悪の形でデッドエンドを迎えてしまったのでした。学生運動にコミットしない、政治に関心の薄い若年層を指すノンポリ（＝ノンポリティカル）という言葉がメディアで取り沙汰されるようになり、やがて「シラケ世代」などと呼ばれる、はっきりと非＝政治的な若者たちが登場してきます。はっぴいえんどが現れたのは、ちょうど「政治＝運動の時代」から「ノンポリ＝シラケ」への転換期に当たる頃だったと言えます。

ところで、六〇年代から七〇年代初めまでの日本の「政治＝運動」は、明らかに

「反米」を主眼としていたわけですが、しかしこの時代は同時に、日本において、あらゆる意味で「アメリカ化」が急速に進んだ時期でもあったのでした。とりわけ文化・芸術的な分野においては、アメリカ（やイギリス）のさまざまな最新のトピックが、さほど大きなタイムラグ無しに伝わってくるようになり、流行に敏感な若者たちは、その動向を夢中で追いかけるようになっていました。つまりニッポンの若者は、アメリカに反撥《はんぱつ》しながらも憧れる（＝憧れながらも反撥する）という、極めてアンビヴァレント（両義的）な心性を持つようになっていたのです。

ボブ・ディランと岡林信康

たとえばアメリカン・ニューシネマ（このムーヴメント自体、ベトナム戦争下と切り離して考えることはできません）の代表作『イージー・ライダー』は、一九七〇年一月に日本公開され、大ヒットしています。もちろん音楽も例外ではありません。海の向こうで生まれた新しい音楽が、主にレコードという形で、続々と日本に紹介されるようになり、そこからのさまざまな影響が、とりわけ六〇年代後半くらいから歴然と現れてきます。

この時期の日本の音楽シーンに強い影響を与えたアメリカのミュージシャンの一人

がボブ・ディラン（一九四一年〜）です。六〇年代初頭に生まれ育ったミネソタ州からニューヨークに出てきて、フォーク・シンガーとしての活動を本格的に開始したディランは、最初は試行錯誤していましたが、やがて反体制的・政治的な問題意識を色濃く持った歌詞のせいで「プロテスト・フォーク（反抗／抵抗するフォーク）」などと呼ばれ、絶大な人気を博すようになります。

ディランは六〇年代半ばになると、イギリスで爆発的にブレイクしていたビートルズやローリング・ストーンズとの親交を得て、彼らに呼応するようにアコギ（アコースティック・ギター）をエレキ（エレクトリック・ギター）に持ち替えて、よりロック的、バンド的なサウンドへと変貌します。その結果、ディランにあくまでも「プロテスト・フォーク」を期待していた聴衆との間に軋轢《あつれき》が生じたりもします。その後、ディランはリヴォン&ザ・ホークスというバック・バンドを従えてライヴやレコーディングを精力的に行いますが、このザ・ホークスが名前を変え、ディランが描いた絵をジャケットにあしらってリリースしたファースト・アルバムが、ザ・バンドによる名作『ミュージック・フロム・ビッグ・ピンク』（六八年）です。

ボブ・ディランが辿った「プロテスト・フォークからロック（バンド・サウンド）へ」という道のりを、ほぼそのまま踏襲することになった日本のミュージシャンがいます。岡林信康《おかばやしのぶやす》（一九四六年〜）です。岡林は六八年にシングル「山谷ブルース」でデビューしました。題名通り、当時のポピュラーソングの題材としてはタブーと言ってもよかった山谷の日雇い労働者をテーマにしたこの曲を筆頭に、痛烈な社会的風刺に満ちた歌詞を叙情的なメロディに乗せて弾き語る独特なスタイルで評判を呼んだ岡林は、レパートリーが何曲も放送禁止になるなど物議を醸《かも》しながらも、「フォークの神様」と呼ばれて一世を風靡《ふうび》します。ところが彼は六九年の九月に、突然失踪してしまいます（のちのインタビュー等によると、その〝プロテスト〟な姿勢から左翼のスポークスマン的な役割を強いられることに嫌気が差したせいだったようです）。半年後、七〇年の春にふたたびコンサートに姿を見せた時、岡林はバンドを従え、エレキ・ギターを抱えていました。そして、この時期の岡林のバック・バンドを務めていたのが、他ならぬはっぴいえんどだったのです。まだ彼らがレコード・デビューする前のことでした。

はっぴいえんどは七〇年六月に発売された岡林信康のセカンド・アルバム『見るまえに跳べ』でもバックを担当しています。彼ら自身のデビュー作である『はっぴいえんど』の直前といっていいタイミングですが、この二枚のアルバムから聴こえてくる音楽は、まったく異なっています。岡林の音楽は、メッセージ色の強い歌詞と、朴訥《ぼくとつ》としたヴォーカルが特徴です。のちのインタビューで、はっぴいえんどのメンバーたちは、共演以前に岡林を聴いたことはほとんどなく、あくまでもバック・バンドとしてのビジネス的なかかわりに過ぎなかったという旨の発言をしています。岡林信康にとってはっぴいえんどは、ボブ・ディランにとってのザ・バンドにはならなかったのです。しかし『はっぴいえんど』は、ザ・バンドの『ミュージック・フロム・ビッグ・ピンク』に負けず劣らぬ高い評価を得ることになったのでした。

あからさまに非＝政治的

ここでようやく、アルバム『はっぴいえんど』『風街ろまん』に刻印された、はっぴいえんどの音楽性について語ることができます。実はここまでの記述に、彼らの特異性とでも呼ぶべきものを表すポイントが、幾つもちりばめられています。彼らは、彼ら以前の、そして彼ら以外の同時代の日本のバンドと、どこがどう違っていたのでしょうか？

第一に挙げられるのは、彼らの楽曲には、六〇年代の基調であった「政治＝運動」的なるもの、すなわち〝プロテスト〟なスタンスが、ほぼ皆無である（ように見える）ということです。ばれんたいん・ぶるう時代の彼らが出演したコンサートが「ロックはバリケードをめざす」、はっぴいえんどとして初登場したコンサートが「ロック叛乱祭」という名称であったことからもわかるように、この時代のフォーク／ロックは、学生運動という背景と反戦（ベトナム戦争反対と安保反対）という主張を多かれ少なかれ共有していました。ウッドストックよりも以前に催された日本最初の野外音楽フェスティバルであり、岡林信康やはっぴいえんども出演した「全日本フォークジャンボリー（一九六九年〜七一年にかけて三度開催）」には、反戦フォークやアングラ・ロックの人気ミュージシャンたちが集まっていました。しかしそのような風潮の中で、はっぴいえんどの音楽はかなり控えめというか、あからさまに非＝政治的なものです。そしてこのことはおそらく、多分に意識的な選択であったのではないかと思われます。

はっぴいえんどの歌詞は、メンバーの中ではただ一人だけ作曲をしない松本隆が主に担当していました（ただし細野と大瀧も自作曲の幾つかで歌詞を書いています）。その歌詞は、たとえば次のようなものです。

街のはずれの
背のびした路次を　散歩してたら

汚点だらけの　靄ごしに
起きぬけの露面電車が
海を渡るのが　見えたんです
それで　ぼくも
風をあつめて　風をあつめて
蒼空を翔けたいんです
蒼空を

とても素敵な
昧爽どきを　通り抜けてたら
伽藍とした　防波堤ごしに
緋色の帆を　掲げた都市が
碇泊してるのが　見えたんです
それで　ぼくも
風をあつめて　風をあつめて
蒼空を翔けたいんです

蒼空を

人気のない
朝の珈琲屋で　暇をつぶしてたら
ひび割れた　玻璃ごしに
摩天楼の衣擦れが
舗道をひたすのを　見たんです
それで　ぼくも
風をあつめて　風をあつめて
蒼空を翔けたいんです
蒼空を

『風街ろまん』の中でも屈指の名曲と言うべき、細野晴臣作曲の「風をあつめて」です。ここにあるのは、透明で詩的な文体で書かれた、淡々とした情景描写、ただそれのみです。物語もなければ主題もない。いや、よく読んでみれば、どうやら「都市」と「自然」の相克というようなことが描かれているらしいことはわかるのですが、かといって松本隆の狙いが、そうした言語化されたテーマとして抽出できるようなことにはないのは明らかだと思います。重要なのは、むしろ言葉の連なりが醸し出す「雰囲気」なのです。

それから目立つのは、一聴して非常に印象的な「〜です」の多用と、強いこだわりを感じさせる独特な漢字の使い方です。もちろん漢字表記にかんしては耳で聴いているだけでは判らないわけですが、松本隆にとっては、他の文字でなく、こうでなければならなかったのだと思います。歌われる音声の背後に、このような一種、クラシカルに思える書記が隠れているということを前提に、松本隆の歌詞の世界観は形作られていたのです。

空っぽな風景

いま述べた幾つかの特徴は、はっぴいえんどにおける松本隆の詞のほとんどに当てはまります。もう一曲、引いてみましょう。

田舎の白い畦道で
埃っぽい風が立ち止まる

地べたにペタンとしゃがみこみ
奴らがビー玉はじいてる
ギンギンギラギラの 太陽なんです
ギンギンギラギラの 夏なんです

鎮守の森はふかみどり
舞い降りてきた静けさが
古い茶屋の店先に
誰かさんとぶらさがる
ホーシツクツクの 蟬の声です
ホーシツクツクの 夏なんです
日傘くるくる ぼくはたいくつ

空模様の縫い目を辿って
石畳を駆け抜けると
夏は通り雨と一緒に

連れ立って行ってしまうのです
モンモンモコモコの入道雲です
モンモンモコモコの夏なんです
日傘くるくる ぼくはたいくつ

やはり『風街ろまん』から「夏なんです」です（曲目からして「〜です」になっています）。こちらは長閑《のどか》な田園の夏の風景を描いているのですが、しかし彼ら以前のフォークが得意としていた土着性や郷愁とは明らかに一線を画しています。それは、この歌詞の「ぼく」の視線が、ここに描写されている日本の「夏」の「風景」に埋没《まいぼつ》することも耽溺《たんでき》することもなく、どこか傍観者的といってもいいような、絶妙な距離感を持っているからです。

松本隆＝はっぴいえんどの歌詞には、政治性・社会性がないばかりではなく、共同体やトポスへの帰属意識や、生活感のような実感もなければ、あるいは実存的、観念的な苦悩や絶望などといった要素も、まったくと言っていいほど存在していません。ただあるのは「風景」、それもほとんど能動的な意味を持たない、いわば空っぽな「風景」のみです。そして筆者の考えでは、まず何よりも第一に、この「空っぽ」さゆえにこそ、はっぴいえんどは七〇年代初頭の音楽シーンにおいて抜きん出た存在となり、後続のミュージシャンたちに多大な影響を与え続けることになったのです。

二重の「新しさ」

それでは次に、サウンド面ではどうでしょうか？　前にエイプリル・フールが解散したのはメンバー間の音楽的方向性が違ってきたからだと述べておきましたが、細野晴臣が新たにはっぴいえんどを始めるにあたってモデルにしたアメリカのバンドがあります。バッファロー・スプリングフィールド（ＢＳ）です。スティーヴン・スティルス、リッチー・フューレイ、ニール・ヤング等によって一九六六年に結成され、六八年に解散するまでに三枚のアルバムを発表したバッファロー・スプリングフィールドは、この頃の細野と大瀧のアイドルでした。ＢＳのサウンドは、カントリーやフォークをベースとしながらも、そこにクールでソフィスティケイトされたポップ・センスを取り入れた斬新なものでした。はっぴいえんどの楽曲は、大瀧と細野がほぼ半数ずつ、約八割の曲を作曲し、残りを鈴木茂が手掛けていましたが、コンポーザーとしての資質はかなり異なっている大瀧と細野が、二人ともＢＳに惹かれていたという事実には興味深いものがあります。

バッファロー・スプリングフィールドが描き出したのは、いうなれば「新しいアメリカの原=風景」でした。ヒッピー・ムーヴメントやドラッグとファッションに彩られたユース・カルチャーとシンクロしたサイケデリック・ロックやハード・ロックが隆盛を極めていた六〇年代後半に、そうした動向と繋がりながらも、「アメリカーナ=アメリカ音楽」としてのルーツを再確認し、単なる先祖返りとはまったく違った音楽的な進化に挑んだボブ・ディランやザ・バンド、バーズなどと同じく、BSも「アメリカという風景の刷新」には「新しいアメリカ音楽」が必要だと考えたのだと思います。

そうして生まれたサウンドは、フォーキーかつアーシーな要素と都会的な感覚が複雑にブレンドされたものでした。細野晴臣と大瀧詠一は、この「風景」と「音楽」の二重の「新しさ」に惹かれたのです。彼らは自らのバンドで、日本版バッファロー・スプリングフィールドをやろうとしたのでした。それはつまり、ニッポンの「新しい風景」の中に、アメリカの「新しい音楽」を響かせる、ということです。そして、そうすることによって、ニッポンの「新しい音楽」を作り出そうとしたのだと思います。

ところで、はっぴいえんどの音楽には、ザ・バンドからの直接的な影響はあまり感じられません。いや、もちろん細部を取ればいろいろとあるのですが、『ミュージック・フロム・ビッグ・ピンク』が持つ雄大さ、大陸的なロマンチシズムが、はっぴいえんどにはほとんど存在していないのです。彼らが奏でたのは、一言でいうと、もっとパーソナルな音楽でした。ザ・バンド的なサウンドを日本でやろうとしたのは、あがた森魚《もりお》（一九四八年〜）のバック・バンドから発展した、鈴木慶一《すずきけいいち》（一九五一年〜）を中心とする蜂蜜ぱい（はちみつぱい）の方でした（はちみつぱいの名曲「スカンピン」はザ・バンド／ボブ・ディランの「アイ・シャル・ビー・リリースド」と非常によく似ています）。このことは、はっぴいえんどには、「アメリカ音楽」への憧憬《しょうけい》はあっても、「アメリカ」という土地＝場所＝国家へのシンパシーは希薄だったことを示しています。この点はきわめて重要です。

日本語ロック論争

ここで、どうしても触れておかなくてはならない「論争」があります。それは、はっぴいえんどの登場と、その成功によって惹き起こされた「日本語ロック論争」と呼ばれる論争です。それは「本来、英語の音楽であるロックを日本語でやることは可能か？」という命題をめぐる論争でした。

まず「新宿プレイマップ」というタウン誌の一九七〇年十月号に載った内田裕也《うちだゆうや》、

鈴木《すずき》ヒロミツ、大瀧詠一らによる座談会「ニューロック」が端緒となり、続いて「ニュー・ミュージック・マガジン」七一年五月号の特集「日本のロック情況はどこまで来たか」中の福田一郎《ふくだいちろう》、ミッキー・カーチス、内田裕也、大瀧詠一、松本隆、小倉《おぐら》エージ、中村《なかむら》とうよう等による座談会に引き継がれて展開していきました。「日本語はロックに向いてない（から英語で歌うべきだ）」とする内田に、はっぴいえんどのメンバーが応戦するというのが、この論争の基本的な構図です。

現在からすると、こんな問題が大真面目に論じられていたということ自体が、かなり牧歌的に思えもするのかもしれませんが、忘れてはならないのは、この時代には「ロック」という音楽ジャンル自体が、まだけっして一般的な認知度の高くない、いわば舶来のニューアイテムだったということです。もちろん、六〇年代にはグループサウンズ（GS）のブームもありましたし、遡《さかのぼ》ればオールディーズやロカビリーも紹介されていました。しかし、それらは広い意味での「芸能」の文脈に属するものであり、純粋な「音楽」としての「ロック」の日本への導入は、この時期にはじめて本格的に成されつつあったのだということができます。以前は気づかれることさえ少なかったタイムラグや誤解が解消されてきたからこそ、「洋楽」としての「ロック」を熱心に聴いている者であればあるほど、英語と日本語の根本的な差異が、ほとんど越え難い壁のように思えただろうことは想像に難くありません。それは文化的な差異というよりも、もっぱら具体的な発音や韻律の違いによるものでした。サザンオールスターズや宇多田ヒカルやバイリンガル・ラップを経てきた耳には、ちょっとナンセンスな感じさえしますが、しかしこの時期の「ニッポンの音楽」にとって「日本語ロック」の可能性は、目の前に立ちはだかる紛れもない難問だったのです。

座談会「ニューロック」で、大瀧詠一は次のように発言しています。

大瀧　ボクは別にプロテストのために日本語でやってるんじゃないんです。何か、日本でロックをやるからには、それをいかに土着させるか長い目で見ようというのは出発点なんです。ボクだって、ロックをやるのに日本という国は向いてないと思う。だから、ロックを全世界的にしようという事で始めるんだったらアメリカでもどこでも、ロックが日常生活に入り込んでいる所へ行けばいい。（略）でも、日本でやるというのなら、日本の聴衆を相手にしなくちゃならないわけで、そこに日本語という問題が出てくるんです（後略）。

ここには「日本（語）」が「ロック」をやるのには圧倒的に不利な条件であること

を進んで認めた上で、しかしともかくもそれを引き受けてみる、という大瀧＝はっぴいえんどの姿勢が明瞭に窺《うかが》えます。「ニュー・ミュージック・マガジン」の座談会で、松本隆も同様のことを話しています。

松本　ぼくらが日本語で歌ってるのは、曲を作るのに英語の歌詞が掛《ママ》けないという単純な理由なんです。日本語をのせるのに苦労してるのは事実です。

この座談会では、ミッキー・カーチスがはっぴいえんどを絶賛し、福田一郎は成功しているとは言い難いが「とにかく、日本語もロックのリズムに乗るということを証明してくれたことだけでもすごく大きい」と一定の評価を下し、すでに「新宿プレイマップ」の座談会でも大瀧と激しく対立していた内田裕也は明白に批判的なのですが、内田のはっぴいえんどへの批判は、次のようなものです。

小倉（エージ）内田さんのはっぴいえんどにたいする疑問点を聞かせてください。
内田　ウーン。「春よ来い」にしたってサ、よっぽど注意して聞かないと、言ってることがわかんない《ママ》だ。せっかく母国語で歌うんだから、もっとスッと入ってこなくちゃ。

中村　発音が不明瞭だっていうこと？

内田　そうじゃなくてね、歌詞とメロディとリズムのバランスというかね、日本語とロックとの結びつきに成功したといわれてるけど、そうは思わない。

この後に続く部分では、先にも触れた「ニュー・ミュージック・マガジン」の「レコード賞」が、第一回の岡林信康『わたしを断罪せよ』に続いて『はっぴいえんど』に与えられたことに対して、内田が怨嗟《えんさ》による言いがかりとも思えるような物言いをしてカーチスにたしなめられるという一幕もあり、更にその後の座談会記事の末尾で、逆に英語で歌っている自分たちに対して、はっぴいえんど側からも言いたいことがあるだろう、と内田が詰め寄るのですが、松本と大瀧の返答は、まったくもって「論争」らしからぬものです。

松本　ぼくたちは、人のバンドが英語で歌おうと日本語で歌おうとかまわないと思うし、音楽についていても趣味の問題だから……。

大瀧　ぼくもハード・ロックを聞かなくなって大分たつし、自分の趣味にコリ固まって偏屈になってるもんで……。

「日本語ロック論争」などと言いつつも、当の彼らにとっては、それはあくまでも「趣味」に属するものでしかなかった、というわけです。いささか拍子抜けするようですが、しかしこのはぐらかしとも取れるような二人の発言を、ただそのまま受け取るわけにはいかないと思います。これは本音半分、韜晦《とうかい》半分だと考えるべきです。この座談会が載ったのと同じ「ニュー・ミュージック・マガジン」七一年五月号の別のページに、はっぴいえんどの短いインタビューが載っていて、その中にこんなくだりがあります。

――日本語でやるようになったいきさつは？

大瀧　7・20宣言事件というか、TVの早朝番組に、細野が麻生レミや内田裕也なんかと出たんだけど、その時「これからの抱負は」なんて聞かれて、彼が言っちゃったんだよね。

細野　「来年は日本語とロックを融合する」と言ったら「融合」を「結納」に聴き間違えられたりして……。

この「7：20宣言事件」は七〇年のことですから、内田裕也との因縁（？）は、この時点から始まっていたわけです。それはともかく、この細野の発言からも、彼らが「日本語とロックを融合する」ことに、あくまでも意識的に取り組んだことは確かです。それは「趣味」というよりも、もっと強い動機付けに支えられていたのだと思います。

松本隆の確信

ところで、幾つかの証言からわかることは、じつは大瀧も細野も、最初は「日本語ロック」に対して懐疑的だったらしいということです。彼らを説得して、全曲日本語詞でやることに同意させたのは、他ならぬ松本隆でした。松本だけが、最初から確信をもっていたのです。しかしそれはもちろん勝利への確信ではなく、ひとつの大胆な賭けに挑む蛮勇への確信でした。彼はある文章の中に、こんなことを書き付けています。

（前略）既成ニュー・ロック・バンドと称する出世コースばりの黒船至上ロックに

は辟易してしまうのだ。ここには、原因と結果の取り違えがある。（ポール・）サイモンを引用するまでもなく、ロックはつねに原因の側にあることは、ぼくたちも知っていたはずだ。ぼくたちも、あの、やってきた部類なのだから。

「アメリカを見つけに、つまり日本を見つけに。アメリカを探すために、つまり日本を探すために」

（中略）

……こうした体験の中から、ぼくは細野君と共に、ロックという放浪を再確認しようと考えた。アメリカ・ニュー・ロックの、あの円卓騎士の英雄談とボヘミアン的隠遁のアイロニーから解き放たれた地点から再出発すること。

（「ミュージック・ライフ」一九七〇年八月号、
萩原健太『はっぴいえんど伝説』より孫引き）

かなりレトリカルな文章なので、言わんとすることを汲《く》み取るのがややむつかしいかもしれませんが、「ロックという放浪」を「結果」ではなく「原因」の側で捉え直そうとするのなら、海の向こうから襲来した「アメリカ・ニュー・ロック」を、ただそのまま真似するだけの「黒船至上ロック」とは全然別のやり方が必要なのだ、と松本は述べているのだと思います。このことは、同じ文章の末尾で、より端的に記されています。

　ぼくらが日本人であるから、日本にいるから、ということではない。日本もぼくたちから見れば隠し絵になってしまうように、ロック自体の枠組みが、歪められた母国語で唄うことを迫るような、場所のコペルニクス的転回なのである。（同）

　つまり、英語で歌われるべきロックを日本語で歌おうとすることに問題があるのではなく、そもそも「ロック」という営み自体が、英語であれ何語であれ「歪められた母国語」としてしかありえないようにしてしまうものなのだ、ということです。
　この発言はきわめて重要な意味を持っています。「アメリカを見つけに、つまり日本を見つけに。アメリカを探すために、つまり日本を探すために」と、アメリカと日本が「つまり」で接続―短絡されているのは、松本隆が二つの「国（語）」の差異に、本質的にはこだわっていなかったことを示しています。彼がこだわったのは「場所のコペルニクス的転回」の方です。「ロック自体の枠組み」が「母国語」を歪めるものだということ。つまり真正の「ロック」においては、それが歌われる「英語」だって歪んでいる筈《はず》なのです。この事実に如何《いか》にして向き合うか。それに較《くら》べたら「日本語でロックすること」など、大したハードルではなかった。実際、先の「ニュー・ミュージック・マガジン」の座談会では「日本語をのせるのに苦労してる」などと言いつつも、松本はのちにこんな風に述懐しています。

……はじめの仕事は日本語はリズムに乗らないという定説をくつがえすことからはじまった。語の区切り方とか、乗りやすい言葉を日常会話や、果ては死語の中から探すという作業から、その〈指向〉がはじまった。そのことを考えれば、日本語でロックを唄うということは、かなりテクニカルな問題だった。そのテクニックには音も詞に関しても、ぼくらは絶対の自信を持っていたと思う。あたりまえのことを実現するだけの話だったから、ぼくらの興味は、どうやって実現するかに注がれるようになった。何を唄うか、じゃなくてどうやったら唄えるか、というのが、はっぴいえんどの指向だった。

（『微熱少年』より、同前）

つまり「日本語とロックを融合する」のは、少なくともはっぴいえんどにとっては、じつはそれほどの難問ではなかったのだということです。福田一郎がいうような「日本語もロックのリズムに乗るということ」は、彼らにはまったくもって自明のことでした。先の座談会で、ミッキー・カーチスは、「普段話してるような言葉がそのまま歌になって、バッチリ乗ってるってとこが、すごくいい」と賞讃していますが、実際のところ「日本語ロック」なるものを、日常言語を駆使してテクニカルな次元で達成することは、彼らは最初からできるとわかっていたし、実際に難なくできた。だから内田裕也を急先鋒として、はっぴいえんどへの批判として当時よく言われた「歌詞とメロディとリズムのバランス」の不具合というものは、意識的か無意識的かはともかくとして、むしろはっぴいえんど自身によって選び取られたものだったと考えるべきなのだと思います。なぜなら、ほんとうの問題は「歪められた母国語」であり「場所のコペルニクス的転回」であったのだから。

「日本のロック」という難問

ところで、はっぴいえんどからは、あまり肯定的な評価を受けられなかった岡林信康ですが、彼はのちに自伝の中で「日本語ロック論争」について、なかなか興味深いことを述べています。

しかし、この論争は二〇年以上たった今思い返してみると、非常に興味深く、また意味深い。ロックは英語をしゃべる人たちのものだから日本人も英語で歌えというのは間違っていると思うが、英語のリズムに日本語がのるわけないというのは間違ってはいないと思う。「日本語のロック」はたぶん不可能だ。英語なまりの日本語で歌うことは、例えば中国のバンドが彼らの母国語で西洋スタイルのロックンロールを歌う時のような違和感を西洋人に与えるだろう。（略）ロックンロールはリズムが土台であり、生命だ。英語のリズムに日本語をのっける「日本語のロック」は、いけどもいけども西洋のコピーからぬけられない。最終的には妙な英語なまりの日本語のハンランのような日本語の破壊しかもたらさないだろう。

（『伝説　岡林信康』）

そして岡林は、「しかし、『日本のロック』は可能だ」と続け、日本ならではのリズムに立脚した彼独自の「エンヤトット・スタイル」の提唱へと文章を進めるのですが、それは措《お》くとして、言うまでもなく、岡林のいう「妙な英語なまりの日本語のハンランのような日本語の破壊」といった事態は、この自伝が出された一九九一年の時点で、音楽に限らずとも、すでに相当に進行していました。むしろ「ニッポンの音楽」は、この「日本語の破壊」を土台として形成されてきたといっても過言ではないと思います。

けれども、ここで重要なのは「日本語のロック」ならぬ「日本のロック」というところです。前者にかかわる「論争」がもっぱら「英語」と「日本語」の差異がもたらす「歌詞とメロディとリズムのバランス」の問題に収斂してしまった結果、より大きな視野での「日本のロックは如何にしてありえるのか?」という問いかけが見失われてしまったのではないでしょうか。はっぴいえんどが対峙《たいじ》していたのは、「日本語ロック」というよりも、より難問である「日本のロック」という命題だったのです。

商業主義／対抗文化

「日本語ロック論争」にかんしては、雑誌「ユリイカ」二〇〇四年九月号の特集「はっぴいえんど」に掲載された増田聡《ますださとし》による論考「日本語ロック論争の問題系」が示唆《しさ》的です。「内田裕也と大瀧詠一は何において対立したのか」という副題が附《ふ》されたこの文章で、増田は、内田がはっぴいえんどに苛立ったのは「日本語か英語か」という二分法ゆえではなかったのだと指摘しています。

増田の整理によれば、内田は「三つの問題系、メッセージ性／サウンド重視、ローカリズム／普遍主義、商業主義／対抗文化のそれぞれの対立項のうち、望ましい価値である後者三つに繫がるものとして、英語詞ロックは必然である」と考えた。これに対して大瀧詠一（はっぴいえんど）は、第一の問題系では内田と同じ「サウンド重視」を掲げ（「メッセージ性」を軽視し）、第三の問題系にはほぼ無関心を貫き、そして第二の問題系については、内田とは反対に「ローカリズム」を標榜《ひょうぼう》する、そこから「日本語」という選択が導き出されてくる、というのが増田の論旨です。

彼らは「歪められた母国語で唄う」ことがロックの必然的な帰結であると考えた。すなわち、「日本人なのだから日本語で唄うのは当たり前」といった母国語自然主義を排しながら、「黒船至上主義ロック」の無自覚な西洋中心主義が日本において有効に機能するとも考えない。西洋／日本の単純な二項対立を超えたところに「日本のロック」の将来像を描くこと、これがはっぴいえんどの関心であった。
（「日本語ロック論争の問題系」、一部略）

増田の主張は、ここまで本書の記述が辿ってきたのと、ほぼ同じです。増田はこの論考の後半で、「論争」においては表面化しないままで終わったとも言える第三の問題系、すなわち「商業主義／対抗文化」という対立を重要視し、はっぴいえんどから連なる系譜が、やがて「ニューミュージック」と称される「ローカルな商業主義」に陥っていき、その一方で、内田裕也が理想とした「普遍的な対抗文化＝カウンター・カルチャーとしての反＝商業主義」が失墜していったと指摘しています。

確かに事実としてはその通りですが、このことはむしろ日本における「カウンター」や「プロテスト」といった振る舞い自体の意味の変容を示しているとも思えます。「商業主義／対抗文化」という対立軸そのものが機能しなくなっていったプロセスこそ、「ニッポンの音楽」の、いや「ニッポンのカルチャー」の辿った道程であるからです。

「さよならアメリカ、さよならニッポン」

さて、二枚のアルバムの大成功によって、一躍スターダムに躍り出たはっぴいえんどでしたが、それから一年余りが過ぎた一九七三年二月にサード・アルバム『HAPPY END』をリリースすると、あっけなく同年九月に解散してしまいます。このアルバムは先の二枚とは異なりロサンジェルスでレコーディングされ、ビーチボーイズの幻のアルバム『スマイル』に参加したことでも知られ、『ソング・サイクル』（六八年）と『ディスカヴァー・アメリカ』（七二年）というマニアックなソロ・アルバムを発表していた天才肌のミュージシャン、ヴァン・ダイク・パークスをプロデュースに迎えて制作されました。

解散のきっかけとなったのは、大瀧詠一がソロ・アルバムの制作に着手するなど、個々の活動が活発化したせいとされていますが、メンバーの発言によると『風街ろまん』が、本人たちにとってもあまりにも完璧な出来映えであったがゆえに、はっぴいえんどというバンドでやれることは全てやり尽くしたという思いが全員に生じてしまったということのようです。リトル・フィートのメンバーなど現地ミュージシャンも多数参加して録音された『ＨＡＰＰＹ ＥＮＤ』は、そのようなポジティヴな終幕モードの中で作られたアルバムですが、一枚の作品としての完成度は前作に及ばないものの、大瀧、細野、鈴木のコンポーザーとしての才能は十二分に発揮されています。もともとはっぴいえんどは「ソロ曲のパッチワーク」的なスタイルが、良く言えばヴァラエティ、悪く言えば統一感のなさをもたらしていたバンドでしたが、このラスト・アルバムは、その最たるものと言えます。解散することが決まっていたのに敢えて海外レコーディングを行ったのは、自分たちへのご褒美《ほうび》のようなつもりもあったのかもしれません（ヴァン・ダイク・パークスは細野の新しいアイドルでした）。

しかしこのアルバムには、はっぴいえんどというバンドを語る上で、欠かすことのできない重要な曲が収録されています。それはラストに収録されている「さよならアメリカさよならニッポン」です。この曲のみ個人名ではなく「作詞、作曲はっぴいえんど」とクレジットされています（作曲にはパークスも参加）。「さよならアメリカ、さよならニッポン」と何度もリフレインされ、続いて「バイバイ、バイバイ」と繰り返す、という至ってミニマルな構成を持った曲です。『アメリカ発見（ディスカヴァー・アメリカ）』というアルバムを出したばかりのヴァン・ダイク・パークスと、こんな曲を演奏するというアイロニカルなセンスは、はっぴいえんどに実にふさわしいものでした。ここには「ニッポン／アメリカ」という母国／外国に対する、彼らの複雑な心象が透けて見えます。

すでに細野晴臣は『はっぴいえんど』の中で、次のように歌っていました。「亜米利加から遠く離れた空の下で／何が起こるのか／閉ざされた陸のようなこころに／何が起こるのか」。細野の自作曲「飛べない空」の歌詞です（しかもこの曲は彼らとしては例外的とも思えるビートルズ的なアレンジになっていて、ここにも巧妙な批評精神が窺えます）。「ニッポン（＝内）の音楽」であり続けながら「アメリカ（＝外）の音楽」を取り込むこと。その試みはアメリカとニッポン両方に「さよなら」「バイバイ」を告げるという両義的かつ逆説的な台詞によって、ひとまずピリオドを打たれたわけです。それは「はっぴいえんど＝幸せな結末」と始めから名乗って登場した彼らには、とても似合っていました。

「幸せな結末」以後

はっぴいえんどの「幸せな結末」以後のメンバーそれぞれの歩みについて、ひとまず簡潔に触れておきましょう。

大瀧詠一は『ＨＡＰＰＹ　ＥＮＤ』リリース以前の一九七二年十一月に、ファースト・ソロ・アルバム『大瀧詠一』を発表しています。はっぴいえんど解散後は、自身のレーベル兼ブランド兼制作会社である「ナイアガラ」を設立し、アルバム『ＮＩＡＧＡＲＡ　ＭＯＯＮ』（七五年）をリリース、山下達郎《やましたたつろう》と大貫妙子《おおぬきたえこ》（共に一九五三年〜）が在籍していたシュガー・ベイブのデビュー・アルバム『ＳＯＮＧＳ』（七五年）のプロデュース（リリースはナイアガラ）、ＣＭ音楽にも進出するなど、活動の幅を広げていきます。七〇年代後半にはナイアガラから数枚のアルバムをリリースしますが、はっぴいえんど時代と較べるとマニアックな評価に留まっていました。

しかし八〇年代初頭に、久しぶりに作詞の松本隆と組んだアルバム『A LONG VACATION』(八一年)が空前の大ヒット、CD時代になって史上初のミリオン・セールスを記録することになります。

細野晴臣も、七三年五月に、初めてのソロ作『HOSONO HOUSE』をリリースしています。このアルバムは細野が鈴木茂、松任谷正隆《まつとうやまさたか》、林立夫《はやしたつお》と新たに結成したキャラメル・ママがバックを務めました。キャラメル・ママは、吉田美奈子《よしだみなこ》『扉の冬』、荒井由実《あらいゆみ》『ひこうき雲』(いずれもデビュー・アルバムです)など、話題作のバッキング/プロデュースを次々と担当し、歌謡曲にも進出して、当代きっての凄腕ミュージシャン集団としての地位を一気に固めます。その後、メンバーを増やすと共にティン・パン・アレーと名前を変えて、『キャラメル・ママ』(七五年)、『TIN PAN ALLEY 2』(七七年)の二枚のアルバムをリリースします。これと並行して細野は、ソロ・アルバムとして、『トロピカル・ダンディー』(七五年)、『泰安洋行』(七六年)、『はらいそ』(七八年)という「トロピカル三部作」を発表し、そしてその発展形として、第二章の主人公であるYMO=イエロー・マジック・オーケストラの結成へと進んでいきます。

松本隆は、南佳孝《みなみよしたか》『摩天楼のヒロイン』(七三年)、岡林信康『金色のライオン』

（七三年）、あがた森魚『噫無情（レ・ミゼラブル）』（七四年）などのプロデュースをこなしつつ、当時人気絶頂だったアグネス・チャンの「ポケットいっぱいの秘密」（七四年）の歌詞を手掛けたのをきっかけに、職業作詞家としての足場を急速に固めていきました。太田裕美《おおたひろみ》の「木綿のハンカチーフ」（七五年）が大ヒットすると、この曲を作曲した筒美京平《つつみきょうへい》とのコンビで、中原理恵《なかはらりえ》「東京ららばい」（七八年）、桑名《くわな》正博《まさひろ》「セクシャルバイオレットNo.1」（七九年）、近藤真彦《こんどうまさひこ》「スニーカーぶる～す」（八〇年）と、続々とヒット作を手掛けていき、遂に八〇年代には空前の「松本隆現象」を巻き起こすことになります。

鈴木茂は、キャラメル・ママ～ティン・パン・アレーで細野晴臣と行動を共にしつつ、七五年三月に、『ＨＡＰＰＹ ＥＮＤ』と同じアメリカ録音、しかも本人以外全員現地のミュージシャンによるソロ・アルバム『ＢＡＮＤ ＷＡＧＯＮ』を発表します（歌詞は松本隆が担当）。その後もコンスタントにアルバムを発表していきますが、折角組んだ自分自身のバンド、ハックルバックが、結成一年足らずでアルバムを一枚も出さないまま解散してしまうなど（当時の録音の一部は、八九年になって『幻のハックルバック』として陽の目を見ました）、いささか不運な面もありました。

リスナー型ミュージシャン

　はっぴいえんど、というバンドは、結局のところ、たったの約三年（ばれんたいん・ぶるうから数えても四年足らず）しか活動していませんでした。しかし、彼らが出現していなかったら、「ニッポンの音楽」のその後の進みゆきは、まったく違ったものになっていただろうと思います。はっぴいえんどという存在は、各メンバーの個性や才能、その後の活動とはまた別個の、独立した意味と価値を有しています。

　はっぴいえんどのユニークネスの核心は、大半の曲で作曲とヴォーカルを務めた大瀧詠一と細野晴臣が、シンガー／プレイヤーであるよりもむしろ、コンポーザー／アレンジャー的気質の強いミュージシャンであり、更にそれ以前に、どちらも重度の音楽ファン、レコードマニアであった点だと思います。二人の作る、かなりマニアックといってよい楽曲は、松本隆の抽象的な日常性を帯びた言葉と合体することによって、その偏りを矯正されて、普遍的なポップスとしての魅力を獲得したのです。そしてこのような「リスナー型ミュージシャン」ともいうべきメンタリティは、九〇年代に「渋谷系」によって反復されることになります。

「リスナー型ミュージシャン」であるということは、もう一度裏返すと、大瀧詠一と細野晴臣が、ギタリストやベーシストとして、そしてシンガーとしては、必ずしも卓越した技量を備えていなかったことを意味します。もちろん、細野のベースもヴォーカルも実に味わい深いものですし、大瀧だって同様です。しかし重要なことは、音楽家としての彼らの個性が、テクニックに基づいたものとは決定的に違っていたということです。それは彼らの歌に鮮明に現れています。大瀧の鼻にかかったような独特な歌唱法、細野のボソボソと呟《つぶや》くような歌い方は、言ってしまえばあまりプロっぽくない、アマチュアリズムとしてのシンギング・スタイルだと思います。しかし、そのことこそが、はっぴいえんどの武器になったのです。

「当時、ただ絶叫すれば唄だった」と松本隆は書いています。プロテストするか、シャウトするか、でなければ内向／内省するか、このいずれかが、六〇年代から七〇年代にかけての日本のフォーク／ロックの基本モードでした。しかしその中で、はっぴいえんどは、そのどれとも異なるモードを打ち出してみせたのです。

四畳半フォーク

はっぴいえんど亡き後、日本の音楽シーンでは、いわゆる「四畳半フォーク」が隆盛となります。その代表は、南《みなみ》こうせつ（一九四九年〜）と吉田拓郎《よしだたくろう》（一九四六年

〜）です。南こうせつ率いるかぐや姫の「神田川」や「赤ちょうちん」は一九七三年〜七四年に大ヒットを記録しました。一九七一年夏の「第三回全日本フォークジャンボリー」への出演を機に人気に火が点いた吉田拓郎も、アルバム『人間なんて』、シングル「結婚しようよ」「旅の宿」などで、レコード売り上げチャートを席巻していきます。南は松本隆と同い年、吉田は細野晴臣の一歳上であり、二人ともはっぴいえんどと時期を同じくして登場していたミュージシャンですが、彼らの人気は、はるかに一般的、大衆的なものになっていきました。

ここに「四畳半」とは異なるスタイルを打ち出しながら、かぐや姫や拓郎と並ぶ大ブレイクを果たした井上陽水《いのうえようすい》（一九四八年〜）を加えてもいいかもしれません。フォーク歌手「アンドレ・カンドレ」としてのレコード・デビューは一九六九年、芸名を「井上陽水」として（本名は同じ字で「あきみ」と読みます）一九七二年に出したアルバム『断絶』収録曲の「傘がない」が話題になり、翌年リリースのシングル「夢の中へ」がチャートイン、同年末、はっぴいえんどのラスト・アルバム『HAPPY END』の約十ヶ月後にリリースしたサード・アルバム『氷の世界』は、日本で最初のミリオン・セラー・アルバムになっています。

「四畳半フォーク」は総じて当時の若者たちの慎ましやかな（貧乏な）日常と、その内側に潜む生々しい心象を映し出すものであり、はっぴいえんどの世界とは一線を画しています。陽水の音楽は、フォークともロックとも異なった、いうなればシティ・ポップスの走りだったと言えますが、歌詞で描かれている情景は、かぐや姫や拓郎から遠くありません。時代は、連合赤軍事件（一九七二年）を経て、第一次オイル・ショック（一九七三年〜七四年）の頃でした。一九七三年には山下達郎や大貫妙子がシュガーベイブを結成しています。また、六〇年代末にフォーク・クルセダーズとして「帰って来たヨッパライ」「イムジン河」などの問題作を放った加藤和彦（一九四七年〜二〇〇九年）は、一九七一年にサディスティック・ミカ・バンドを結成し、七四年にリリースしたセカンド・アルバム『黒船』を引っさげてイギリス・ツアーを行っています。

同時期の「ロック」にも触れておきましょう。パンタこと中村治雄《なかむらはるお》、トシこと石塚《いしづか》俊明《としあき》（共に一九五〇年〜）の二人から成る頭脳警察は、学生運動の過激派に共鳴した活動スタンスと政治的な歌詞が問題となり、一九七二年のファースト・アルバムは発売中止になっています。六〇年代にはグループ・サウンズ、ザ・ダイナマイツとして活動していた山口冨士夫《やまぐちふじお》（一九四九年〜二〇一三年）率いる村八分は一九六九年に結成、七三年の京都大学西部講堂でのライヴを記録したアルバム一枚のみを残して解散し、幻のバンドと呼ばれるようになります（近年、数々の音源が陽の目を見ていますが）。内田裕也のバック・バンドから発展したフラワー・トラベリン・バンドは、一九七〇年にアルバム『Ａｎｙｗｈｅｒｅ』を発表、カナダ・ツアーを敢行し、これがきっかけとなって翌七一年にはアメリカのアトランティック・レコードからセカンド・アルバム『ＳＡＴＯＲＩ』をリリース、海外で高く評価された日本で最初のロック・バンドとなります。のちに名プロデューサーとして名を馳《は》せる佐久間正英《さくままさひで》（一九五二年〜二〇一四年）もメンバーだった四人囃子も六〇年代末の結成、一九七四年リリースのデビュー・アルバム『一触即発』は、日本のプログレッシヴ・ロックの初期の名盤として歴史に名を留めています。

六〇年代末から七〇年代前半にかけての海の向こうの音楽シーンは、フォークからロックへの重心移動から、すぐさま多様な展開を見せており、一九六七年頃からアメリカ西海岸を火種に巻き起こったヒッピームーヴメント、いわゆる「サマー・オブ・ラブ」を中心に、グレイトフル・デッドやジェファーソン・エアプレイン、ドアーズといったバンドがスターダムにのし上がり、カルチャーやファッションとも連動したサイケデリック・ロックが一世を風靡していました。またイギリスでは、ビートルズが『アビイ・ロード』と『レット・イット・ビー』を一九六九年〜七〇年に発表して解散すると、レッド・ツェッペリンとディープ・パープルを二大巨頭とするハード・ロック、ピンク・フロイド、キング・クリムゾン、イエス、エマーソン・レイク&パーマー等のプログレッシヴ・ロック勢が台頭し、百花繚乱《りょうらん》の様相を呈していました。そして七〇年代半ばになると、それまでの音楽的な進化に対する揺り戻しというか、演奏/楽曲の高度化を一旦キャンセルしてみせるようなアマチュアリズム/ラディカリズムの発露として、パンクが誕生することになります。こうした海外のダイナミックな動向に、「ニッポンの音楽」も幾らかのタイム・ラグと変形を経つつ対応していきます。

「嘘」と「小細工」のサウンド

そんな中で、あらためてはっぴいえんどという存在の独特さ、貴重さについて述べておきましょう。彼らが同時代に登場した他の数多の——いずれも才能溢《あふ》れる——音楽家たちと異なっていたのは、海の向こうで次々と生まれ、かまびすしく奏でられているさまざまな音楽から多大なる影響を受けながらも、それらを「日本/語」でやるにあたって、たとえば「日本のサイケ・ロック」「日本のプログレ」などと呼ばれるようなスタイル上の直截《ちょくせつ》的な踏襲（直訳）にも、あるいは逆に、日本/語の特殊性に安住したドメスティックな態度（超訳）にも陥ることなく、いわば「ニッポンから見たアメリカ」と「海の向こうから見たニッポン」が交叉するポジションで音楽を作り出そうとした点にあるのではないかと筆者は思います。

その結果、彼らの音楽は、単純な意味で洋楽的でもなければ、かといって日本的でもない、どこにもないようなサウンドになった。繰り返しますが、はっぴいえんどが描き出した音と言葉による「風景」は、極めて人工的なものです。言うなればそれは、彼らが耳にしてきた膨大なレコードや、読んできた沢山の書物、あるいは見てきた数多の映画、等々のるつぼから突然変異的に生まれてきた「風景」だったのです。このことはすこぶる重要です。

早川義夫《はやかわよしお》（一九四七年〜）は、六〇年代後半に「マリアンヌ」や「からっぽの世界」で知られるジャックスを率いて活動し、一九六九年にバンドを解散すると名作の誉れ高いソロ・アルバム『かっこいいことはなんてかっこ悪いんだろう』を発表しました。彼が一九七二年に刊行したエッセイ集『ラブ・ゼネレーション』に、はっぴいえんどにかんする記述があります。早川は「誰だって彼等の歌を最初聞いたら、なんというか奇妙な歌で、詞と曲が合ってるようで合ってないようでいったいこんな歌があっていいのだろうかと、怒りたくなるような、あごがはずれてしまうようなちぐはぐさを感じる」と書いています。早川はフォークとロックの違いについても触れています。「ふつうのロックっぽいという言葉があるとすれば、それは叫ぶという意味に使われやすいが、しかし、それはフォーク・ソングからみた一方的なロックっぽさなのだろう」。

早川義夫は、アルバム『はっぴいえんど』中の曲「かくれんぼ」の歌詞を引用したあとで、こう続けます。

この時間が止まったような風景は、『ねじ式』を思い出すし、それから、江戸川乱歩や谷崎潤一郎も浮かんでくる。しかし、頭には浮かぶだけで、なんとなくいいみたいな気がするだけで、やはり、あとを追いかけることができなくなるほどの素晴らしさではない。一度、嘘をついたら、二度も三度も嘘をつかなきゃだめなように、一度必要性のない小細工をしたら、二度も三度も小細工をしたくなってしまうみたいなことを、つい、いいたくなってしまうようなサウンドだ。

（『ラブ・ゼネレーション』）

「〜サウンドだ」と結んでいるので、松本隆の歌詞だけではなく、曲についても述べている意見なのでしょう（作曲は大瀧詠一）。この評は、かなり手厳しいものですが、逆接的に、はっぴいえんどの音楽性を見事に言い当てているようにも思えます。つげ義春、乱歩や谷崎を彷彿《ほうふつ》とさせる「時間が止まったような風景」。そして、あえて早川の言葉に乗っかって述べておくなら、ここで言われている「嘘」や「小細工」なるものが、二度や三度はおろか、後からやってきた者たちによって何度となく繰り返されていき、そのこと自体が、豊かな、と言っていいだろう成果を次々と生み出していったのが、その後の「ニッポンの音楽」の「歴史」だったのではないか、そう筆者は考えているのです。

第二章　ＹＭＯ（イエロー・マジック・オーケストラ）の物語

ポスト・パンクの課題

第一章の主人公だった「はっぴいえんど」と、本章で物語られる「ＹＭＯ」は、言うまでもなく細野晴臣という人物が重なっていますし、時代も連続しており、物語としては繋がっています。それでも、やはりこの二つのバンドの間には、大きな断絶があったと言っていいと思います。まずイエロー・マジック・オーケストラが結成されるに至る前提、その登場の背景から説明していきたいと思います。

はっぴいえんどというバンドの在り方は、日本の、彼ら以前の音楽からの影響よりも、海外の音楽からの影響が非常に強いものでした。七〇年代半ばくらいから、海の向こうの音楽シーンの動向が、以前よりも更に少ない時間差で伝わってくるようになってきて、輸入文化としてのポピュラー音楽からの影響というベクトルは、ますます加速していくことになります。当然、ＹＭＯの誕生も、その頃の洋楽、とりわけ欧米の音楽状況と無縁ではない。というよりも、はっぴいえんど以上に、かなり直接的に関係しています。

ただ、その関係の仕方は、非常にニッポン的というか、ユニークなものでした。YMOが誕生したのは一九七八年の終わりですが、そこに至るまでの「洋楽」の流れを見てみましょう。

この時期は、ポスト・パンクの時代であったと言っていいと思います。パンク・ロックのムーヴメントが一息ついて、これからどういう形でその後の音楽が展開していくか、ということが模索されていた時代であり、八〇年代に多種多様な変化と発展を遂げてゆくポピュラー音楽の、とば口にあった時期だと言えます。

パンク・ロックは、一九七六年にセックス・ピストルズが登場して、絶大な人気を得たことをきっかけに巻き起こったムーヴメントです。音楽的に言うと、パンクは基本的に、初期衝動とアマチュアリズムを特徴にしています。ピストルズに限らず、パンク以後のポスト・パンク、それ以後のニューウェーヴと呼ばれる音楽を志向するミュージシャンたちは、それ以前の音楽家に比べると、あまりプレイヤー的ではないということが言えると思います。彼らの多くがアートスクールの出身だったり、演奏の上手さや楽曲の完成度よりもアイデアやコンセプト、あるいはアティチュード重視であったりと、音楽というものを「曲を作って演奏する」ことだけでなく、もう少し広い意味での文化・風俗の中で捉え直す、というスタンスが非常に強いものでした。

パンク・ムーヴメントをわかりやすくまとめてしまうと、それまでのロックの流れが、楽曲的に、あるいは技術的に、とにかく高度なものへと向かっていくベクトルが非常に強まっていたこともあって、それに対する反動というか、かなり露骨なカウンターとして七〇年代半ばに登場した音楽である、ということが言えると思います。前章でも軽く触れておきましたが、六〇年代の終わりには、ヒッピー・ムーヴメントやサイケデリック・ロックのブームがあり、政治やアートやファッションと連携した文化的な現象として「サマー・オブ・ラブ」と呼ばれる現象も生じていました。それに前後して、ハード・ロックとかプログレッシヴ・ロックとかジャズ・ロックとか、いろいろなサブ・ジャンルが出てきますが、それまで大雑把《ざっぱ》に「ロック」と呼ばれていたジャンルにスタイル上の分化が生じてきて、それらの多くは技術的鍛錬や楽曲的な複雑化を特徴とした音楽だったわけです。今挙げたような新しい音楽ジャンルのブームが、七〇年代初頭からほぼ同時並行で起きてきて、それらは要するにどれも、かなり演奏が上手くないとできないタイプの音楽でした。そこに突然「三つコードが弾ければOK！」というパンクが現れて、非常に新鮮に受け止められたわけです。

セックス・ピストルズやザ・クラッシュ、ザ・ジャム、ダムド等といったバンドが相次いで登場し、パンクはあっという間に社会現象と化しました。ところが、ムーヴメントの中心的存在だったセックス・ピストルズが七八年に、早々に解散してしまいます。そして、フロントマンだったジョニー・ロットンは、ジョン・ライドンと名前を変えてP．I．L．（パブリック・イメージ・リミテッド）という非常に前衛的なバンドを結成します。ある意味で、ロットン＝ライドンのこの転向（？）が、パンクからポスト・パンクへの変化を象徴しているように思います。パンクが齎した、大仰な言い方をするなら音楽史上におけるコペルニクス的転回とは、プレイヤーとして、コンポーザーとして、アレンジャーとして、ひたすら習熟度と完成度と高度さを追求していくことが是である、という考え方に対してのラジカルな異議申し立てでした。

しかし、それは一過性のブームとして消費されてしまった。けれども、パンク・ブームが去ったからといって、何もなかったかのように、それ以前の段階にまた戻るわけにはいきません。そうではなくて、パンクの持っていた過激なアマチュアリズムを踏まえながらも、音楽を先に進めていくにはどうすればいいのか、という命題が新たに生じてきたのです。それがポスト・パンクが背負っていた課題でした。

テクノロジーの導入

ポスト・パンクといっても、いつまでも「ポスト」のままで行くわけにもいかないので、八〇年代に入ると、これに代わる「ニューウェーヴ」という言葉が出てきて、次々と新しいスターが登場してきます。音楽の様式は、七〇年代の前半までは、技術・構造を中心に動いていた。けれども、それがパンクによって非常にプリミティヴな状態に戻されてしまった。しかし聴く側は、ずっと3《スリー》コードだけの単純明快なロックだと、どうしたって飽きてしまう。それを回避しようとして、しかしパンクによって切り拓かれたラディカリズムをも生かしながら前に進もうとすると、パンク以前のテクニック進行や楽曲的な進化論に戻るのではなく、パンクのアンチ・プロフェッショナリズムやアンチ楽理（譜面）的スタンスを備えたまま「新しさ」を追求する方向に舵を切るしかない。そこで出てきたのが、第一にテクノロジーの寄与、第二に非＝西欧音楽的な要素の導入だった、と総括できると思います。

まず、演奏技術でなく録音技術の重視。レコーディング・スタジオの設備やエンジニアのスキルが七〇年代の後半くらいから飛躍的に向上してきます。音質的なことだけではなく、トータルな意味での録音芸術としての音楽の可能性が、もっぱら新機材の登場や従来機器のスペック・アップによって大きく広がったのがこの時期です。また、ジャマイカで発明されたダブが入ってきて、この頃はまだデジタル録音以前でしたが、アナログのテープ・トゥ・テープで録音をクリエイティヴに用いるアイデアが次々に出てきます。ポスト・パンク、ニューウェーブは、ダブからの影響が非常に強い音楽という側面があります。

もうひとつ、従来の楽器とは異なった電子楽器が次々と登場してきたのも大きかったと言えます。シンセサイザーが進化を遂げていったのは七〇年代ですが、エレクトロニクスで音楽を扱う方法論が、七〇年代後半になると以前よりも簡便化・高性能化してきます。楽器のあまり弾けない、アマチュアに毛が生えたようなミュージシャンでも、そういった新たな電子楽器によって、自分の音楽を作る／奏でることができるようになってきます。一番わかりやすいのがリズムマシンです。一九八〇年に登場したローランドTR－808、いわゆる「ヤオヤ」と呼ばれる機材などを始め、それ以前のロックでは使われていなかったテクノロジーが盛んに導入されていきます。これがひとつの大きな特徴だったと言えるでしょう。

それから、非＝西欧音楽的な要素という点ですが、先のダブもそのひとつです。レゲエから進化したダブ的な曲調や音像は、ポスト・パンク～ニューウェーヴに旺盛《おうせい》に取り入れられていきました。あるいはアフリカのパーカッションとか、インドネシアのバリ島のガムランやケチャであるとか、主にリズム面で、西欧的ではない音楽的要素が盛んに導入されました。これは直接的なものというより、レコードやカセットなどの録音物を介して、色んな国や地域の音楽が、遠く離れた場所に居る、そこに行ったことなどない人たちでも聴けるようになってきたということが大きいと思います。言うまでもなく、西欧以外の土地にも伝統的な音楽はあるわけだし、ポピュラー音楽も存在している。遅ればせながらそのことに気づいたイギリスの若いミュージシャンたちは、厳しい見方をすればとにかく新奇なものを求める気持ちから、そうした要素をパンク以後の文脈に導入していった。八〇年代には、この流れでワールド・ミュージックのブームも起こることになります。

ユーミン、サザンの登場

さて、では日本は、どうだったのでしょうか?

前章で述べておいたように、はっぴいえんど解散後、七〇年代の日本では、四畳半フォークを始めとするドメスティックな音楽がヘゲモニーを握っていきました。もちろん洋楽志向の「リスナー型ミュージシャン」が全面的に覇権を握った時代など、「ニッポンの音楽」の歴史上存在していないわけですが、それでも七〇年前後にはほの見えていた可能性は、その後芽吹くことなくいったん沈んでしまった感は否めません。ドメスティック志向のミュージシャンの中でも、特に井上陽水と吉田拓郎の二人は、七〇年代半ばから、評価も人気もレコード・セールスも高まっていきます。七五年にはこの二人に加え、小室等《こむろひとし》（一九四三年〜）、泉谷《いずみや》しげる（一九四八年〜）などが一緒になって、レコード会社「フォーライフ・レコード」が設立されています。YMOが登場する七〇年代の終わりの時点で、日本の音楽、日本のポップスの中心は、広義のフォーク・シンガー、のちにシンガーソングライターと呼ばれたり、「ニューミュージック」と総称されるようになる人たちだったわけです。

七〇年代後半にシーンに躍り出たミュージシャンで、特に重要なのは、言うまでもなくユーミン（荒井由実〜松任谷由実）とサザンオールスターズです。荒井由実（一九五四年〜）はローティーンの頃からプロとして音楽活動をしていたという早熟な才能で、一九七三年にファースト・アルバム『ひこうき雲』をリリース、七五年のシングル「あの日にかえりたい」がテレビドラマ主題歌になったことから本格的なブレイクを果たしました。サザンオールスターズのデビューは奇しくもYMOと同じ一九七八年です。後で述べるように、YMOのレコード・デビューは七八年の十一月ですが、その半年ほど前にサザンはシングル「勝手にシンドバッド」でデビューし、当初はあまり注目されませんでしたが、桑田佳祐《くわたけいすけ》（一九五六年〜）の破天荒なテレビ出演などによって徐々に売り上げを伸ばしてゆき、ちょうどＹＭＯがアルバム『イエロー・マジック・オーケストラ』をリリースする頃には、ベストテンへのチャートインを果たしていました。

同時期には、天才と騒がれた原田真二《はらだしんじ》（一九五八年〜）もデビューしていました。七七年の暮れに「てぃーんず　ぶるーす」「キャンディ」「シャドー・ボクサー」と史上初の三ヶ月連続デビューシングルで電撃的にデビューし、それが三枚ともヒットを記録、翌年リリースしたファースト・アルバムはチャート一位を獲得します。この時、彼はまだ十代でした。ちなみに原田のプロデューサーは吉田拓郎です。また、谷村新司《たにむらしんじ》（一九四八年〜）、堀内孝雄《ほりうちたかお》、矢沢透《やざわとおる》（共に一九四九年〜）から成るアリスが「冬の稲妻」「チャンピオン」等の大ヒットを連発していたのも、この時期です。

こんな状況の中でイエロー・マジック・オーケストラは結成されたわけです。少なくとも当時の音楽シーンの趨勢《すうせい》からすると、ＹＭＯが日本中に旋風を巻き起こす存在になるような予兆は、ほとんどなかったのではないかと思います。しかし結果としてＹＭＯは、はっぴいえんどをはるかに超える知名度とセールスを、両バンドにかかわった細野晴臣に齎すことになりました。

トロピカル三部作

細野晴臣のはっぴいえんど解散後の活動は、前章でも触れましたが、まず一九七三年にファースト・ソロ・アルバム『HOSONO HOUSE』をリリース。このアルバムは、はっぴいえんどの『HAPPY END』から半年も経っていないので、もちろん新しい試みもありますが、基本的にははっぴいえんどの延長線上にある、つまりアメリカ音楽を日本（語）の音楽に移植するという、これまでと同じ主題を共有している部分がありました。しかし、その後、細野は「キャラメル・ママ」から「ティン・パン・アレイ」へと展開していくバンド活動を一方でしながら、七〇年代後半にソロ作を続けざまに制作していきます。七五年に『トロピカル・ダンディー』、七六年に『泰安洋行』、七八年に『はらいそ』、後に「トロピカル三部作」と呼ばれることになる三枚のアルバムです。

これらは『HOSONO HOUSE』とはかなり違った音楽性を持っています。この三枚は、トロピカル、すなわち南国的な、天国のような熱帯の音楽、というイメージに貫かれています。いかなるきっかけによって、細野晴臣がこのような方向に進んだのかは、複合的な理由があったと思いますが、音楽的な意味で圧倒的に大きな影響の源泉は「マーティン・デニー」だと思います。それは、マーティン・デニーの曲「ファイヤークラッカー」をYMOがファースト・アルバムでカヴァーしていることからも明らかです。

マーティン・デニー（一九一一年〜二〇〇五年）はアメリカ人の作曲家ですが、「エキゾチカ」といわれる音楽の代表的な存在です。デニーは作曲家・アレンジャー・バンドマスターとして、まさに南国的な音楽を数々作曲して、人気を博しました。エキゾチカというキーワードは、デニーのファースト・アルバム『エキゾチカ』から採られたものですが、そこに参加していたアーサー・ライマン（一九三二年〜二〇〇二年）、レス・バクスター（一九二二年〜一九九六年）といった人たちの存在――彼らもまたエキゾチカの代表的な作曲家です――が活躍したのは一九五〇年代です。ここには二十年以上の時間差がある。つまり細野晴臣は、はっぴいえんど時代がそうであったような、ある程度のタイムラグはあったとしても、ほぼ同時代の海の向こうで流れている音楽として、エキゾチカ／トロピカルを発見したわけではなかったのです。

この点については、北中正和《きたなかまさかず》との次のやりとりが興味深いです。

――日本では戦後、主としてアメリカを経由していろんな音楽なり文化なりをたくさん吸収してきたわけでしょう。細野さんの場合、例えばハリウッドのエキゾティックな映画の影響であるとか、マーティン・デニーにしてもけっこう古いものですよね。それが消化されて出てくるまでに二十年近くかかってるわけですね。

細野　たまたま僕がやったにすぎないわけで、べつに誰もやらなくてもいいわけですよ、そっとしといても（笑）。でも、そうやって誰かを揺り動かしていく力がマーティン・デニーにはあったんでしょうね。（中略）そうやって僕がやらなかったら誰かがやってるだろうし。例えばもっと大きな単位になると、古典なんかもそうやって突然よみがえったりするわけですよね。エリック・サティのように。だから音楽というのはタイムマシンみたいなもので、ある時代に向けてのメッセージがあったりするんじゃないかなと思ったりね。その時代にべつに反響しなくたって全然構わないという気持になりますよね。

（『THE ENDLESS TALKING 細野晴臣インタビュー集』）

精神的な危機

同じ北中正和によるインタビューの中で、細野晴臣はある「精神的な危機」について告白しています。これは細野に限らず、同世代・同時代のミュージシャンの多くが経験したことではないかと思いますが、いわゆるドラッグ体験・マリファナ体験です。エイプリル・フールの頃、すでにそうしたものを試す機会はあったそうですが、すごくハマったわけではなかった。はっぴいえんどの末期に、あるミュージシャン（名前は伏せられているので誰かはわかりません）のレコーディングやツアーに参加していた時、その人が非常にドラッグ好きで、それをきっかけにまたやってしまった。もともと非常に好奇心が強く、快楽主義者であることを自認している細野晴臣は、そういったものはとにかく試してみる人間だった、と自分でも語っています。そうしてある時、何か別のモノが混ざっていたのか、あるいは摂取量が度を超したのか、急性中毒に近い状態になって、激しいパニックに陥った。それから、何もしなくても突然同じ症状が出るようになってしまった。狂気にも近い、ほとんど死と隣り合わせの状態で、当然ながら彼は苦悩し、さまざまな治療を試みる。このあたりのことは、インタビューで非常に生々しく語られています。

細野（前略）そんなふうに混沌としていたのが、ある時期、急に克服できちゃったんです。三日おきぐらいに続いていた症状がなくなって、今度は突然ハイになっちゃったんです。チャイニーズ・エレガンスとかトロピカルとか、キーワードを見つけて、自分がやりたいことがわあっとふくらんだときにハイになっちゃった。そういうプロセスの中で、『TROPICAL DANDY』に入っていったんです。

——ある種、躁鬱症みたいなものですか。

細野　違いますね、神経症ですね。いまの自分の重要な節目なんです。あの日のショックというのは。それが治って、ナチュラル・ハイというのを、その後、一年以上経験して。（中略）聴く音楽が変わってきて、とんでもない音楽を聴き出すわけです。それがマーティン・デニーだったりするんです。（前掲書）

どこかでマーティン・デニーの音楽を実際に耳にしたので思い出したのではなく、フラッシュ・バックから恢復《かいふく》する過程で、彼自身の記憶の奥底からデニーがふと立ち現れてきた、ということが実に興味深い。そもそもエキゾチカなどと呼ばれる音楽は、名前の通り南国・南島の音楽、具体的にはハワイなどをイメージしているわけですが、アーサー・ライマンなどハワイ出身の人もいるものの、マーティン・デニーはニューヨーク生まれであり、まったく南国の人ではありません。エキゾチカとは、本物の南の音楽ではなく、想像上のエキゾチックな風景の中から聞こえてくるような音楽として人工的に作られたものです。それに細野晴臣はインスパイアされて「トロピカル三部作」を作っていったのです。

「ここではないどこか」の音楽

これは、実際に南の島に出向いて、そこで生の演奏を聴いたり、現地のミュージシャンと接触する、といったワールドミュージック的なアプローチとはまったく違います。細野晴臣は、もちろん現地に行ったりもしているとは思いますが、彼の「トロピカル」とは、もともとエキゾチカという音楽がそうであったように、まず第一に想像された音楽、夢見られた音楽なのであり、本当に南国の音楽であるかどうかは、さほど重要ではありません。むしろこれは一種のアンチ・リアリズムなのであって、空間的には「ここではないどこか」、時間的には「今ではないいつか」を志向します。三部作にはマーティン・デニー的エキゾチカの他にも、沖縄であるとか、カリブ海であるとか、あるいは中国、あるいは昔のニッポンなどなど、非＝西欧的音楽のフレイヴァーが大量に投入されていますが、どれもこれもフィールドワークに基づく民族学的・文化人類学的な観点に立ったものというよりも、あくまでも想像上のトポスとして導入されている。だからこそ、たとえば一曲の中に複数の場所性や時間軸を入れることだって可能になってくるわけです。

エキゾチカという音楽は、もう少し広い範囲で捉えると、ムード・ミュージック、ラウンジ・ミュージック、イージーリスニング等と呼ばれているジャンルの一部だと言うことができます。このジャンルでは、五〇年代、トロピカルな音楽と並行して、一種の宇宙的な音楽が流行しており、「スペース・エイジ・バチェラー・パッド・ミュージック（宇宙時代の独身貴族の音楽）」などと呼ばれていました。ペリー・アンド・キングスレーやディック・ハイマン、エスキヴェルといった有名なアーティストがいますが、彼らは宇宙や未来をテーマに、エキゾチカ同様、非常に耳に心地よい音楽を創り出しました。エキゾチカもスペース・エイジ・バチェラー・パッド・ミュージックも「ここではないどこか」「今ではないいつか」の音楽であることには変わりありません。こうしたミュージシャンたちにとっては、またムード／ラウンジの聴き手にとっては、ハワイも宇宙も似たようなものだったわけです。この頃は、アメリカとソ連の宇宙開発競争が熾烈《しれつ》を極めていった時期です。エキゾチカとは、アメリカの一般大衆が、わざわざ海外旅行に行くことなく異境を疑似体験するための音楽でした。実際に訪れることはまだ困難だったり不可能だが、想像することは可能な場所という意味において、南島と宇宙は、特に区別がなかったのです。

ヴァン・ダイク・パークス

細野晴臣は立教大学の社会学部観光学科卒で、後に中沢新一《なかざわしんいち》との共著で『観光』という本も出しています。「観光」というキーワードは、細野の音楽に対する基本姿勢を端的に言い表しているように思います。たとえ現地に行けたとしても、調査や研究といったアプローチではなく、もちろん同一化とも全然違う、外からやってきて、興味の向くままにあちこち見聞して、また去っていくだけの者＝観光客としての視線で、その場所の音楽を取り入れること。あるいは、一度も現地には行かずに、ただイメージだけを頼りに、想像力を駆使して、未知なる場所の音楽を作り上げること。このようなスタンスが、ＹＭＯに繋がっていくことになります。

細野晴臣に決定的とも言える影響を与えたミュージシャンとして、ヴァン・ダイク・パークスを忘れることはできません。第一章でもはっぴいえんどのプロデューサーとして名前を出しておきましたが、パークスは一九六八年リリースのファースト・ソロ・アルバム『ソング・サイクル』で、ニューオーリンズの音楽やリズム・アンド・ブルース、ラグタイムなど、アメリカの古き良き音楽を独自の解釈で再生することにチャレンジしていました。七二年には『ディスカヴァー・アメリカ』、七五年に『ヤンキー・リーパー』というアルバムを出します。この二枚では、カリプソを取り上げています。カリプソは、トリニダード・トバゴを中心に発展したカリブ海のポピュラー音楽です。二枚のアルバムでは、カリプソ界の大スター、マイティ・スパロウの曲がカヴァーされています。トリニダード・トバゴで発明された、ドラム缶を廃物利用した旋律打楽器スティールパンも随所でフィーチャーされています。

しかし、ここで重要なことは、ヴァン・ダイク・パークスのやったことが、単にカリプソを取り入れる、ということではなかったということです。たとえば『ディスカヴァー・アメリカ』では、「アメリカ発見」というアルバム・タイトルや、「トリニダード」「ハリウッド」という行き先の記された二台のバスが描かれたジャケットからもわかるように、単にカリプソに挑戦してみましたということではなく、パークスにとっての「ここ」であるハリウッド＝アメリカと、縁もゆかりもない「よそ」としてのトリニダード・トバゴ＝カリブ海という二つの場所の間にある、単に距離的なものだけではない、何重もの意味での隔《へだ》たりが問題にされているのです。

エッソ・トリニダード・スティール・バンドという有名なスティールパン楽団がいますが、スティールパンという楽器は、アメリカの石油会社であるＥＳＳＯ社のドラム缶を再生利用して作られた楽器です。パークスがカリプソに傾倒していったのは、西インド諸島への旅行がきっかけだったとも言われますが、おそらくはそれ以前から彼はレコードでカリプソを愛聴していたのでしょう。多数のカリプソ音盤の聴取体験から醸造された「ここではないよそ」のイメージは、ある意味では実地のカリブ海での体験を凌駕《りょうが》するものとして、あらかじめパークスの脳内に存在していたのではないでしょうか。

これは、彼がデビュー作の『ソング・サイクル』で「古き良きアメリカ」について行っていたアプローチと同型です。つまり「今ここ」で、「今」でも「ここ」でもない「いつか」で「よそ」の音楽を創造してみせること。この「創造」は純然たるゼロからのそれではありません。それは「いつかどこか」で録音された音盤の集積、それらを浴びるように聴くことから立ち上がってくるものなのです。そう、ヴァン・ダイク・パークスもまた、明らかに「リスナー型ミュージシャン」なのでした。

炬燵《こたつ》で誕生したＹＭＯ

トロピカル三部作の三枚目に当たるアルバム『はらいそ』は一九七八年にリリースされています。そして、この作品がＹＭＯに直接的に繋がっていきます。イエロー・マジック・オーケストラの「イエロー・マジック」というのは、字面だけ取ると、黒魔術でも白魔術でもない、イエローの魔術ということで、すなわち黄色人種であるアジア人、日本人によるマジック、というテーマをそこに見てとることができます。『トロピカル・ダンディー』と同じ一九七五年にリリースされたティン・パン・アレーのファースト・アルバムに「イエロー・マジック・カーニバル」という曲が収録されており、細野晴臣の頭には、この頃から「黄魔術」というテーマがあったのだと思います。『はらいそ』のジャケットには「ハリー細野とイエロー・マジック・バンド」とクレジットされています。ハリー細野という似非《えせ》外国人風のキャラクターに、細野は時折扮《ふん》していました。また、ＹＭＯが誕生するのと同じ七八年に、坂本龍一《さかもとりゅういち》が『千のナイフ』というファースト・アルバムを出していますが、そこで解説文（ライナーノート）を書いているのが細野晴臣であり、やはりその中でも「イエロー（イエロウ）・マジック」という言葉を用いています。

その力がブラックであろうとホワイトであろうと、はたまたイエロウであってもエネルギーは一つである。要はそのエネルギーを引き出し、利用し、操る力があるかないかの問題であり、彼は音楽を通してその秘密を探っているのだろう。かくいう私もイエロウ・マジックを身につけるべく、日夜戦い続けているのだ。

七〇年代半ば以降の細野晴臣にとって、「イエロー・マジック」は、アーティスティックなコンセプトであると同時にキャッチフレーズのようなものだったのだと思われます。

YMOを結成することになる三人が演奏を共にしているのが、『はらいそ』に収録されている「ファム・ファタール～妖婦」という曲です。この曲は一九七八年の二月十九日に録音されています。このアルバムは曲によって録音メンバーが異なっていますが、この曲にキーボードで坂本龍一、ドラムスで高橋幸宏《たかはしゆきひろ》（共に一九五二年～）が招集されて、細野と一緒に演奏しています。「ファム・ファタール～妖婦」は、マーティン・デニー的なエキゾチカの雰囲気と、ちょうどこの頃から加藤和彦が試みてゆくことになるヨーロピアンな耽美《たんび》趣味みたいなものが合体した佳曲です。

このセッションに手応えがあったのか、細野は坂本と高橋を家に誘って、炬燵でおにぎりを食べながら、自分の書いたメモを見せたのだそうです。そのメモには「マーティン・デニーの『ファイヤークラッカー』をシンセサイザーを使ってディスコ・アレンジし、シングルで世界で400万枚売る」と書いてあった。これが半ば神話化したYMO誕生の逸話です。

しかし、のちのインタビュー等で明らかになっていることですが、細野にとって必ずしも坂本龍一と高橋幸宏はファースト・オプションではなかったようです。それ以前から彼はティン・パン・アレーのドラマーである林立夫に声を掛けたり（林は一度は新バンドへの参加に同意したものの、後で翻意したそうです）、他のプレイヤーにも打診したり、高橋幸宏がメンバーで、細野も一時期加入を誘われていたという加藤和彦率いるサディスティック・ミカ・バンドのように女性シンガーをフィーチャーすることも考えていたようです。しかしそれらはいずれも不調に終わり、折しも、新たに立ち上がったレコード会社「アルファ・レコード」に移籍が決まっていた細野晴臣は、とりあえずソロとして『はらいそ』を作って、その過程で坂本龍一と高橋幸宏に白羽の矢を立てた、というのが事実だったようです。しかし結果的には、この三人の組み合わせは、非常に絶妙というか、必然的なものだったと思えてなりません。

三者三様の音楽的バックグラウンド

坂本龍一と高橋幸宏は、細野晴臣の五歳年下で、一九五二年生まれ。坂本の方が早生まれなので少しだけ上です。坂本は東京藝術大学の修士課程を出ていて、大学院生の頃からキーボーディストとしてミュージシャン活動を始めます。七〇年代の半ばには、主にポップス、フュージョン系のスタジオ・ミュージシャンとして活躍していました。はっぴいえんど以後の、いわゆるニューミュージックのミュージシャンたちとも数多く録音を行っています。大瀧詠一、山下達郎、伊藤銀次《いとうぎんじ》（一九五〇年〜）による『NIAGARA TRIANGLE Vol．1』や、山下達郎とシュガーベイブをやっていた大貫妙子の、ソロになってからのアルバム数作には、アレンジャーやプロデューサーとして参加しています。坂本龍一がスタジオ・ミュージシャンの道に進んだのは、新宿のゴールデン街で誘われたのがきっかけだったというエピソードがありますが、そうやって飲み屋で知り合った、アンダーグラウンドで前衛的な音楽を演奏していたミュージシャンたちとも、積極的に親交を結んでいきました。中でも後に反ポップ・バンドA－Musikを結成する竹田賢一《たけだけんいち》（一九四八年〜）とは七六年に「学習団」というユニットを結成して、独自の活動を展開しました。先鋭的なジャズ評論家でもあり、デレク・ベイリーの『インプロヴィゼーション』の共訳者としても知られる竹田は、二〇一三年になって初の音楽論集『地表に蠢《うごめ》く音楽ども』を刊行しましたが、同書には「学習団」当時のテクストが再録されており、栞《しおり》には坂本が推薦文を寄せています（ついでに言うと筆者も寄せています）。

　坂本は日本のポスト・パンク＝ノーウェーヴを代表するバンド、フリクションのファースト・アルバム『軋轢』や、女性パンク・バンド、アーント・サリーを解散後、ソロに転じたＰｈｅｗのデビュー・シングル『終曲／うらはら』もプロデュースしています（リリースはどちらも一九八〇年）。当時のシーンにおいて、コマーシャルな世界にさまざまにかかわりながら、こうしたマイナーな未知の音楽にも積極的にコミットする姿勢は、現在まで一貫しています。

高橋幸宏は、三人の中では一番年下ですが、音楽的なキャリアは長く、高校生の頃からプロのドラマーとして活動していました。彼は先ほども名を挙げたサディスティック・ミカ・バンドのメンバーでした。ミカバンドはセカンド・アルバム『黒船』が海外で高セールスを記録し、一九七五年にはロキシー・ミュージックのフロントアクトに抜擢《ばってき》されてイギリス・ツアーをしています。つまり彼はＹＭＯの中で唯一、海外での演奏経験があった人物ということになります。

ＹＭＯのファースト・アルバムが出る直前の段階で、まだ述べておかなくてはならないことがあります。ひとつは、先ほども触れた坂本龍一の『千のナイフ』というソロ・アルバムです。サウンド的には、まさにプレＹＭＯといっていいもので、現代音楽的な曲もありますが、ヴォコーダーから開始され、オリエンタルなメロディ・ラインを持った冒頭のタイトル曲は、ＹＭＯのアルバム『ＢＧＭ』でリメイクされることになります。このアルバムには日本のシンセサイザー音楽のパイオニアである冨田《とみた》勲《いさお》（一九三二～二〇一六年）のマニピュレーターだった松武秀樹《まつたけひでき》（一九五一年～）が参加しています。松武はYMOの四人目のメンバーと言っていい重要な役割を果たすことになります。また前述のように、細野晴臣がライナーノートを執筆しています。

高橋幸宏も同じ頃にファースト・ソロ・アルバムを出しています。七八年六月の『サラヴァ！』というアルバムです。ドラマーだった高橋は、ここで初めてヴォーカルを取っています。このアルバムは、実質的に坂本龍一との共同プロデュースで作られたもののようです。ちなみにアルバム・タイトルは、フランスの人気シンガー、ピエール・バルーが設立したレーベル「サラヴァ（Saravah）」から採られています。

細野はアメリカとエキゾチカ、坂本はクラシックや前衛音楽、高橋はイギリスやフランスという風に、共通点を持ちながらもそれぞれに異なる音楽的バックグラウンドを持った三人によって結成されたのがイエロー・マジック・オーケストラだった、ということになります。

ところで実は、YMOのアルバムのアート・ディレクションも手掛けている横尾忠則《よこおただのり》もメンバーになる筈だった、という話があります。記者会見に出席することになっていたにもかかわらず、なぜか姿を見せず、そのままメンバーにもならなかった。細野晴臣は『はらいそ』の後に、もう一枚『コチンの月（COCHIN MOON）』という、かなりアバンギャルドな電子音楽アルバムを横尾忠則と共同名義で出しています。もちろん横尾忠則はミュージシャンではないので、実際にはアート・ディレクションを担当し、音楽自体は細野晴臣が作っているのですが。二人が一緒にインドに旅行し、食べ物に中《あた》って酷い下痢をした、という経験がテーマ（？）になっています。このアルバムには坂本龍一と松武秀樹が参加しています。

逆輸入で注目される

ＹＭＯのファースト・アルバム『イエロー・マジック・オーケストラ』は、一九七八年十一月二十五日にアルファ・レコードからリリースされました。しかし、このアルバムが出た時点で、すぐに注目されて売れた、というわけではありませんでした。筆者は当時、中学生でした。ＹＭＯがテレビで鳴り物入りで取り上げられているのを見て興味を抱いたのですが、それはデビューよりもやや後のことになります。

彼らのファースト・アルバムをリリースしたのは、伝説的なプロデューサー村井邦彦《むらいくにひこ》が率いる、前述のアルファ・レコードですが、この会社は当時、アメリカの大手レコード会社「Ａ＆Ｍ」と業務提携を始めていました。日本のミュージシャンでアメリカの市場で勝負できるような存在は居ないだろうか、といった話が交わされる中で、

『イエロー・マジック・オーケストラ』が出ました。その直後、当時A&Mの副社長だった大物プロデューサー、トミー・リピューマが来日して、YMOのライヴを見て、面白いので全米デビューさせよう、という話になります。

こう書くと、まるでラッキーな偶然でアメリカ・デビューに至ったかのようですが、おそらくそれ以前から会社同士でそういった話が進行していたのだと思います。日本でアルバムが出てから、およそ半年後の一九七九年五月、アメリカでファースト・アルバムの米国盤が、細野晴臣がアメリカに赴いて行ったリミックスを経て、発売になります。そして、これが海外で大きな話題を呼んで、七九年の夏にはアメリカでレコ発ライヴを敢行します。こうして、なかば逆輸入的な形で「アメリカでデビューした、まったく新しいサウンドを奏でるグループ」というふれこみで、YMOは日本でも大きな注目を集めることになっていったのです。

したがって、七八年の末にファースト・アルバムは出ていましたが、実際に日本でYMOフィーバーが起きたのは七九年の夏くらいからでした。「海外で話題」というニュースが日本に伝わってきた七九年九月のタイミングで、セカンド・アルバム『ソリッド・ステイト・サヴァイヴァー』がリリースされ、これが日本での人気を決定的にします。このアルバムはオリコンチャートの初登場一位を記録しています。翌八〇年の二月には、前年秋のワールド・ツアーを収録したライヴ・アルバム『パブリック・プレッシャー／公的抑圧』を出しているので、短い期間で話題が連続していきました。

テクノの始祖、クラフトワーク

筆者は中学生の頃に『ソリッド・ステイト・サヴァイヴァー』と『イエロー・マジック・オーケストラ』を同時に買った記憶があります。それは人生初のカルチャーショックだったかもしれません。そしてそれは海外で云々《うんぬん》とか、あの奇天烈でカッコ良いファッションやステージよりも、まず第一にサウンドの斬新さによるショックだったと思います。なにしろ、あれほど電子音だらけでできあがっている音楽を、それまで一度も聴いたことがなかったのですから。

細野晴臣の「トロピカル三部作」とＹＭＯの違いは、まさにこの電子音＝エレクトロニクス＝テクノロジーの追求という点にこそあると思います。ここから、程なくテクノロジーを駆使したポップ・ミュージック、すなわち「テクノポップ」という言葉が生まれてくることになります。当時は新しい電子楽器（それらはミュージシャンが普通に使える最初の電子楽器でした）が次々と登場してきた時代でした。ＹＭＯのフアースト・アルバムの時点ではローランドのTR－808は出ていませんが、その前段階の機材はメーカーから提供されて使用していたそうですし、当時は最先端のリズムマシンやシークエンサーの初期モデルも使っていて、松武秀樹によってコンピューターで電子音と生演奏をシンクロさせるというアイデアも出てきます。

こうしたYMOのスタイルは、ドイツのクラフトワークから絶大な影響を受けています。クラフトワークは「テクノ」の始祖、少なくともその重要な一組とされている七〇年代初頭から活動を開始したグループで、当初は無機質なシンセサイザーの持続／反復音をサウンドの中心に据《す》えた実験的なサウンドでしたが、メンバーチェンジを経ながら次第にリズミックかつポップな作風へと移行し、一九七四年リリースのアルバム『アウトバーン』が英米で大ヒットします。七五年には、「復活」後の（そして「3・11」後の）二〇一一年にYMOがカヴァーすることになる表題曲を含む『放射能（Radio-Activity）』を、七七年には『ヨーロッパ特急』と、コンスタントにアルバムを出し、世界的な評価と知名度を確立していきます。

先ほどの細野晴臣のコンセプトを少しひねるならば、YMOは「マーティン・デニーをクラフトワーク化して400万枚売る」と言い換えることが可能です。エキゾチカ（トロピカル）＋テクノロジー。クラフトワークはYMOのデビューと同じ七八年に『人間解体（The Man Machine）』というアルバムを出しています。この原題に込められているのは、クラフトワークが一貫して持っているモチーフです。人間と機械の共生と接近。彼らのライヴ・パフォーマンスでは、楽器の生演奏はまったくありません。メンバーは皆、非常に没個性的で無機質な、ユニフォームのような服装をして、淡々と無表情でエレクトロニクスを操ります。もちろんギターもベースもドラムもいません。ヴォーカルはヴォコーダーを通した機械的な音声です。クラフトワークは音楽性のみならず、ルックスや動作まで、一種のロボット・バンドと言っていいアティチュードを貫いていました。音楽のハイテク化を徹底しつつ、そのことへの批判的視座も保持したクラフトワークは、九〇年代に百花繚乱の様相を呈することになるテクノ（ロジカル）ミュージックの先駆的存在だと言えます。

ところで、ＹＭＯには言うまでもなく、高橋幸宏というドラマーがいます。これは重要なポイントです。

高橋の前にも林立夫に声を掛けているということは、細野晴臣にとってＹＭＯにはドラマーが必要だったと考えることができます。しかし、これはある意味では不思議なことです。日本版クラフトワークを志向するなら、見るからにフィジカルなドラムというパートも最初から機械に代替させてしまえばいいのではないか。しかし細野はそうはしなかった。もちろん、まだそこまで機材の進化が進んでいなかった、クラフトワークのようなことを十全にやってのけるには、まださまざまな条件が整っていなかった、あるいはクラフトワークの完全な真似になるのは避けようと考えたとか、いろいろ理由はありえるわけですが。それに、これはある意味で結果論かもしれませんが、高橋幸宏というドラマーは、まるで機械のようなドラミングをするドラマーなのです。ちょうどこの頃から、のちにクリックと呼ばれる、ヘッドホンで精確なパルスを聴きながら演奏する手法が出てきますが、ＹＭＯにおける高橋のドラムは、そもそも最初から人間的には聞こえません。おかしな表現ですが、まるでドラムマシンを人間のドラマーが模しているかのようなのです。

練られていたＹＭＯの構想

『イエロー・マジック・オーケストラ』には、細野メモの通りに、マーティン・デニーの「ファイヤークラッカー」のカヴァーが入っています。この録音には有名な逸話があります。実は最初、細野たちはこの曲をクラフトワーク風ではなく、ごく普通のアレンジで演奏してみたというのです。先にも引用した北中正和によるインタビューの中で、細野はそのときのことについて語っています。

細野（前略）ＹＭＯのメンバーもミュージシャンだったので、ミュージシャンの力をまだ重視してたんです。で、「ファイアークラッカー」を一度人力でやってみたんです。コンピューターなしでもできるんじゃないかというような気持で。ところがたいして面白いものができなかったんです。そのとき初めてコンピューターは必需品だということになって、もう一回録り直したんです。

――かなり違うアレンジでやったとか、そういうことなんですか。

細野　うん、アレンジが違って。もうちょっと何かこう、ティン・パン・アレー的だった。ミュージシャン的なアプローチがいままでと全然変わらなかった。何にも新しくなかった。で、これはだめだと。

――当時ディスコがブームになりかけてるころで、ディスコ向けのインスト音楽としていいんじゃないかという読みがあったんですか。

細野　それまで僕は『泰安洋行』とかで衝動的に好き勝手に、人のことをあんまり考えずにやってきたんですけど、今度は逆にどうやったら喜ばれるかを考えたんです。そこで共通の言語をもっと世界的な視野で見直そうと思ってディスコに目をつけた。今までとまったく違って、衝動的にしたわけじゃなくて、記号化っていっていいのかもしれないけど、無意識に単純化していった。決してつまんなくしようと思ってやったわけじゃなくてね。それはたぶんコンピューターと関係あるだろうし、何か予感を持ってたんだろうと思うんです。
（前掲書）

ここで触れておくべきは、『はらいそ』の「ファム・ファタール～妖婦」以前、もうひとつのプレYMO秘話ともいうべき一九七八年リリースのアルバム『パシフィック』のことです。このアルバムは南太平洋をテーマにした、いわゆるリゾート・ミュージックの企画盤で、細野晴臣、山下達郎、鈴木茂が各自二～三曲ずつインストゥルメンタル曲を提供しています。そこに収められた細野作曲の「コズミック・サーフィン」で、のちのYMOの三人がシークエンサーに合わせて演奏しているのです。この曲は、ほとんど別の曲であるかのごとくアレンジを一変させて『イエロー・マジック・オーケストラ』で再演されることになります。しかし今聴いてみると、「コズミック・サーフィン」の『パシフィック』収録ヴァージョンも、ほぼYMOに直結するテクノ・サウンドになっています。

一九七七年に細野はソロ・アルバムを出していません（ティン・パン・アレー『TIN PAN ALLEY 2』が出ています）。イエロー・マジック・オーケストラのアイデアは、デビューの一年以上前からあったといいますから、この時期に細野は来るべきYMOに向けて着々とサウンド・コンセプトを練っていたと考えられます。だがそれはまだ確信にまでは至らず、試行錯誤の部分を含んでいた。それはまさに、マンとマシーンの、ミュージシャンとテクノロジーの比率配分、役割分担にかかわっていたわけです。この時期から、音楽にかかわるテクノロジーはまさに日進月歩の進化を遂げてゆき、新しい機材が次々と登場してきます。そしてYMOは誰よりもいち早くそれらを使用し、彼らの音楽性に反映させていくことになります。

ゲーム音楽とSF大作

ここまではもっぱら音楽的なレベルの話をしてきましたが、YMOが大ブレイクを果たしたのは、無論その音楽性の斬新さのせいだけとは言えません。彼らの打ち出した、音も含んだトータルなイメージが当時のニッポンの空気とシンクロしたからこそ、彼らは時代の寵児《ちょうじ》にまでなったのです。では、それはいかなるものだったのでしょうか？

当然ながらテクノロジーの劇的な進化は、音楽というジャンル、楽器の世界だけで起きていたわけではありません。たとえばコンピューター・ゲームが世の中に登場したのもこの時期です。「スペースインベーダー」は一九七八年、YMOのデビューの半年ほど前に発売されています。『イエロー・マジック・オーケストラ』には「インベーダー」と「サーカス」の二つのゲーム音楽が収録されています。現時点で聴くと、いささか妙な感じもしてしまいますが、もちろんこれらのゲームは当時最先端のアミューズメントだったわけです。あの頃のゲーム音楽ならではの、今となってはチープに響くピコピコ音は、これから始まる新しいライフスタイルを象徴するものでした。YMOは、まさに新時代の幕開けと共に登場したわけです。

初期YMOのアルバムのアートワークやアーティスト写真、ステージ・ヴィジュアル等を通して表現されているのは、エキゾチカ+テクノロジーならぬジャパン／アジア+テクノロジー、すなわち「テクノ・オリエンタリズム」です。サングラスをしたキモノの女性の頭部が色とりどりのコードになっている『イエロー・マジック・オーケストラ』（米国盤）は、彼らが打ち出したキッチュかつクールなイメージを鮮やかに表しています。テクノ・オリエンタリズム的表現の集大成と言える映画『ブレードランナー』はこの少し後、一九八二年の作品ですが、YMOはその先鞭《せんべん》をつけたと言っていいと思います。

映画と言えば、七八年にスティーヴン・スピルバーグ監督の『未知との遭遇』、ジヨージ・ルーカス監督『スター・ウォーズ』と、ハリウッドから次々とSF映画の大作がやってきて、日本でもブームを巻き起こしていました。前に「スペース・エイジ・バチェラー・パッド・ミュージック」について述べておいたように、SFとはそもそも宇宙や未来、つまり「ここではないどこか」と「今ではないいつか」をテーマにするものなので、細野晴臣の発想とリンクするところが多かったのだと思われます。実際、YMOは『未知との遭遇』から大きな影響を受けていると、細野は何度も語っています。

テクノ・オリエンタリズム

オリエンタルという点で言うと、やはり何といっても紅《あか》い人民服。『ソリッド・ステイト・サヴァイヴァー』のジャケットにあしらわれていますし、初期ステージのコスチュームでもあった。実はあれは必ずしも人民服のつもりではなかったらしいのですが、YMOのヴィジュアル・イメージを決定付けたと言っていいと思います。それからいわゆるテクノ・カット、もみあげを刈り上げた独特なヘアスタイル。ここに見ることができるのは、もちろん中国のイメージです。もちろんやっているのは日本人なのですが、イメージとしては敢えて中華的な意匠を使っている。

『イエロー・マジック・オーケストラ』には「中国女」や「東風」という曲が収録されています。「中国女」は高橋幸宏、「東風」は坂本龍一の作曲です。どちらもジャン・リュック・ゴダール監督の映画です（同作収録の「Mad Pierrot」もゴダールの『気狂いピエロ』）。『中国女』は一九六九年、『東風』は一九七〇年に日本で公開されています。つまりどちらもこの時点から十年も昔の映画ということです。はっぴいえんどが活動を開始した頃です。

先の人民服も『中国女』の有名なシーンから来ています。ゴダールが二本の映画を撮った背景にあったのは、もちろん当時の中国で進行していた毛沢東主義による文化大革命、より精確に言えば、それのフランスの文化人や学生たちへの影響です。それから十年後に、YMOは政治的イデオロギーをほぼ完全に漂白して、視覚的なイメージだけを自分たちのヴィジュアル、ファッションに取り入れてみせたわけです。ほぼ、というのは、共産主義国家である中国のイメージのあからさまな導入には、凄まじい勢いで資本主義の階段をかけ上がりつつあった当時の日本へのアイロニカルな視線が多少とも込められていたとも考えられるからです。ともあれ、YMOが戦略的に身に纏《まと》ってみせたテクノ・オリエンタルなヴィジュアルは、明らかに世間では突飛だけれど先端的なセンスだと思われたのでした。

北中正和によるインタビューでは、このあたりのことも語られています。細野はそこで、ゴダールは自分はそんなに好きではなかったと言っています。そもそも彼の音楽性には、これまでフランスはおろかヨーロッパ的な感覚が、ほとんどありませんでした。それは高橋幸宏によってYMOに齎されたのです。

細野（前略）それまではわれわれみんなヨーロッパ的な味つけよりもアメリカ一辺倒でやってきたミュージシャンですから。特に坂本君はフュージョン、僕はニューオーリンズで、（略）針葉樹林地帯の感覚は一度も出したことがないし、アプローチしたことがなかった。幸宏というエレガントな感覚の人間が入ってきたおかげで刺激されたわけです。（前掲書）

細野はそこで「中国」という要素が持ち込まれることになったきっかけについても語っています。

細野（前略）そのころ小澤征爾が中国に行って、北京中央交響楽団といったかな、を指揮したんです。何か古典が解禁になった、ワグナーとかが解禁になったとかで、テレビ中継をやってたんです。今までは弾けなかった音楽を弾けるというので、中国人たちがすごい顔つきでヴァイオリンを弾いてたりする場面を三人で見てて、かなり心を打たれたんですよ。オーケストラのメンバーの顔に（笑）。そのときに、中国交響楽団のスタイルを借りて、精神的にはあの顔つきで、音楽的にはニューヨークのスタジオ・ミュージシャン、そういうことをやったらどうなるかという一つの目安をつくってみたんです。だからフュージョンぽいような、中国っぽいようなね。

ちなみにテクノカットも、ここから生まれてきたのでした。

細野　中国に魅力があったんです。彼らの顔つき、目が輝いて、音楽に対する情熱があって、しかも髪の毛が刈り上げられてるっていう形に一番影響されて、YMOもこれでいこうということで、刈り上げて（笑）。

中国の交響楽団のミュージシャンたちの表情であるとか髪型であるとかに、相当なインパクトを受けたのは事実だと思いますが、ここには単純な感動や共鳴とは異なるものがほの見えています。どこか巫山戯《ふざけ》ている、とまでは言いませんが、やはりここには一種のパロディのようなセンスと、そして同じアジア人の日本人である自分たちが「中国人の真似をしてみせる」ことに対する自己韜晦的な感覚が宿っているように思います。ここからもわかるように、デビューにあたってのＹＭＯのセルフ・イメージの操作は、非常に複雑かつ屈折しています。そしてそれは八〇年代の日本の社会と文化が身に纏ってゆく複雑さと屈折度を予告していました。

テクノ・オリエンタリズムは、もちろんＹＭＯの音楽にも刻印されています。特に最初の二枚のアルバムで中心となっている曲、先の「東風」や「中国女」、それから彼らの定番曲である「テクノポリス」と「ライディーン」、あるいは「ビハインド・ザ・マスク」等といった名曲の数々は、サウンドは電子音が中心ですが、メロディラインは極めてオリエンタルなものです。それは日本的な旋律というよりは、もっと汎アジア的というか、大陸的な雰囲気を持っています。メンバー三人の作曲ごとにみると、こうした傾向が最も強く、おそらく最も意識的に行っているのは、明らかに坂本龍一です（逆に細野の曲には、実はあまりそういう要素はありません）。前にも触れたように坂本のＹＭＯ以前のソロ作『千のナイフ』には、すでにこの路線の曲が入っていました。

「八〇年代」という時代の条件

整理すると、最新のテクノロジーを駆使した電子的なサウンドに、西洋音楽とはかなり違ったオリエンタルなメロディが乗っている、というのが初期YMOの音楽スタイルです。ヴィジュアル面も含めた、このようなテクノ・オリエンタリズムが、彼らがA&Mのトミー・リピューマに見初《みそ》められた最大の理由、アメリカで評価された勝因に違いありません。

しかしここで問うておきたいのは、たとえばリピューマには、YMOのメロディが、いわゆる日本的なものとも実は相当に違っているということが、果たしてわかったのだろうか、ということです。少なくとも最初は、西欧人であるリピューマの耳には、日本風も大陸（中国）風も、ほとんど区別がつかなかったのではないか。それは『イエロー・マジック・オーケストラ』の米国盤を聴いた多くの欧米のリスナーにとっても同様だったでしょう。

しかしそれで何ら問題はなかったわけです。たとえ外国からのオリエンタリズム的な視線に何らかの誤解があったとしても、ともかくYMOはニッポンからやってきたユニークな音楽グループとして認知された。それは彼らが体現していたのが、まさにアジアに冠たるテクノロジーの国として台頭しつつあった、当時の日本のイメージそのものとして受け入れられたからです。ゲーム音楽が入っていることも、無論そこには寄与していました。そして、海外における評判が、フィードバックして日本での人気に火を付けることになる。オリエンタリズムとは外部からの視線に基づくものですが、そこに当然潜在する誤差や歪曲《わいきょく》を濾過《ろか》するような形で、YMOは日本の音楽史上、最初に成功した「逆輸入型」のミュージシャンになったわけです。

先のインタビューの中で、細野は音楽というものは「その時代にべつに反響しなくたって全然構わない」と言っていましたが、確かにそれはそうです。その音楽が産み落とされた時代には反響しなくても、それから何十年、何百年も経ってから反響してゆくことになる音楽。まさにサティなどはそうでしょう。しかし、その時代だからこそそのようなものとしてあり、それだからこそ反響することになった音楽だって当然ある。筆者はYMOという存在が、八〇年代目前の日本の東京で誕生した、という時代の条件を無視することはやはりできないと思います。もしも数年ズレていたら、YMOにドラマーは居なかったかもしれない。メンバーは違っていたかもしれない。海外での評価は違っていたかもしれない。日本でも、あれほどの人気は得られなかったかもしれない。YMO自体、存在しなかったかもしれない。そこには文化的、社会的、経済的、政治的、等々の無数のパラメーターが関与していて、それらさまざまな条件の相互作用によって、彼らはあのYMOという形を取ることになった。

逆からみれば、YMOの登場とその成功という出来事が、あの時代と状況を映し出していると考えるべきなのだと思います。こういう考え方は「社会反映論」などと呼ばれてとかく批判されがちですが、筆者はケース・バイ・ケースだと考えています。そしてYMOの場合、その存在を「八〇年代」と切り離して考えることはできません。

「内」と「外」でのイメージ戦略

YMOは、デビューしてまもなく、フジ（富士フイルム）のカセットテープのテレビCMに出演しています。この映像は現在もDVD『Visual YMO：the Best』や動画サイト等で見ることができますが、ここからいろいろなことを考えることができます。まずひとつは、七〇年代末には、まだカセットがメディアとして十二分に機能していた、という事実です。しかもYMOのような斬新なバンドがCMに出演するようなものとして。テクノロジーがどんどん進化していたとはいっても、まだデジタル時代は訪れていません。CD＝コンパクト・ディスクの日本での生産は一九八二年からですが、たった五年足らずの八六年頃には、日本でもCDがLPの販売量を追い抜きます。八〇年代以後、どれほど音楽をめぐる環境がハイスピードで変化していったか、ということです。今となっては懐かしい、徒花ともいうべきMD＝ミニ・ディスクが出てくるのは九〇年代以後です。MDはカセットに代わる録音メディアとして登場したわけですが、定着することのないままCD－Rに取って代わられます。そこからiTunesなどのデジタル・オーディオ・データ管理まではあっという間のことです。

それから、このCMでYMOの三人は露骨なまでに戯画化された日本人を演じています。それは昔、海外のマンガや映画などによくあった、地味なスーツを着て、眼鏡をかけて、やたらとペコペコして、名刺をすぐに出して、カメラでパチパチ写真を撮る、海外に出張や旅行をした時の日本のサラリーマンの姿です。そのようなカリカチュアに、日本のCMで、海外デビューして話題沸騰の、最先端のアーティストがコミカルに扮する、という、如何にもネタっぽい作りのものなのですが、放映当時の受け取られ方は賛否両論あったのではないかと思います。今でこそ「そうそう、昔の日本人ってこんなだったよね」と距離感をもって冷静に笑って見ることができますが、まさに当時は、日本がそのような恥ずべき日本人像から脱しつつある段階だったわけで、そんな中で敢えてみっともないニッポン人を嬉々として演じてみせることに、ムッと来る視聴者も居たかもしれません。むしろそれはYMOだから許された、彼らのような存在だからこそアリだった、と言えるでしょう。そしてそのようなことを進んでやってのけるのが、ＹＭＯというキャラクターだったわけです。

十年前、はっぴいえんどを巡る日本語ロック論争の時点では、日本という「内側」と海の向こう（アメリカ）の「外側」という構図が、はっきりとありました。だからこそ、輸入文化の問題、もともと「外」のものだったロックを日本という「内」にどうやって植えつけるのか、という発想が出てきました。しかし、この頃になると「内」と「外」の境界線がだんだんぼやけてくる、そうした二項対立自体が成立しなくなってきます。はっぴいえんどは、海外デビューすることはなかった。はっぴいえんどを批判した内田裕也は、ロックをやるなら英語でやれと主張した。それはたとえ日本国内であっても、そうすべきだという考えだった。「内＝日本＝日本語」と「外＝アメリカ＝英語」の間には、歴然とした壁が存在していたのです。

ところが、その壁はＹＭＯの「逆輸入」によって、非常に独特な形で乗り越えられてしまった。ＹＭＯは「外」に向けては「日本」や「アジア」を象徴的に背負い、西欧人のテクノ・オリエンタリズム的視線を誘導することで注目を集め、翻《ひるがえ》って「内」においては、先んじた「外」での評価という事実を梃子《てこ》にして、いわば舶来品のような扱いで人気を獲得した。

細野晴臣が、ＹＭＯが、どの程度まで戦略的に考えていたのかは、筆者にはわかりません。しかし結果としては、おおよそこのように事態は推移した。そう考えると、フジカセットのＣＭで彼らが演じたカリカチュアライズされた日本人像は、ＹＭＯが打ち出したサウンド／ヴィジュアルのイメージと、さほど遠くはないことがわかります。前に自嘲やアイロニーと書きましたが、これは見方によってはもっと痛烈にして痛切な、自己認識であり自己批評でもあるのだと思います。日本文化は――お望みなら「コンテンツ」と呼んでもいいですが――海外に輸出される場合、そのままの姿で出て行っても駄目だし、完全に「外」と同じ文脈でも勝負できない。「外」から見られたイメージを再回収して、それを意図的に被ってみせるしかない。そして、そのようにして獲得された「外」でのプレゼンスが、今度は「内」へと反転してくる。次章で述べるように、後にこれと同じ回路で海外での成功を収めるのが、ピチカート・ファイヴというグループです。

ＴＯＫＩＯ＝トキオ

フジカセットのＣＭでも使われたＹＭＯの代表曲、高橋幸宏作曲の「ライディーン」のタイトルは「雷電」から来ています。それを「RYDEEN」にする。また、坂本龍一作曲の「テクノポリス」のサビの部分で歌われているのは「トキオ、トキオ」です。「TOKYO」ではなくて「TOKIO」。いずれも外国人の発音を模《も》している。東京を、浅草を、外国人として見る／聞くということ。これは、マーティン・デニーにとってのハワイ、ヴァン・ダイク・パークスにとっての古き良きアメリカやトリニダード・トバゴ、そして細野晴臣にとってのアメリカや南国といった、「ここ」に留まりながら想像された、夢見られた「よそ」というものを逆さまにしたようなことです。「よそ」の誰かによって想像された「ここ」を、今ここに居ながらにして想像すること。

　ところで、この「東京＝TOKYO＝TOKIO」というキーワードは、この時期くらいから日本のポップ・ミュージックにおいて、或る独特な使用をされていくことになります。たとえば六〇年代のフォーク・シーンで頭角を現し、独自のスタンスで活動し、「純音楽家」として確固たるポジションを維持した遠藤賢司（一九四七年〜二〇一七年）が『東京ワッショイ』というアルバムを一九七九年に出していますし、はっぴいえんどと相前後して登場した日本語ロック黎明《れいめい》期の重要バンド、はちみつぱいの元メンバーたちが結成したムーンライダーズが、八一年にリリースした初期ベスト盤のタイトルが『東京一は日本一』だったことも思い起こされます。もちろん「東京」という単語は、それ以前の六〇年代、七〇年代から、多くの歌詞や曲名に出ているわけですが、YMO以後の「東京」は、かぐや姫や吉田拓郎や岡林信康が描き出した東京とは違う。たとえ「東京」や「TOKYO」と記されていたとしても、それは「TOKIO＝トキオ」なのです。「テクノポリス」の「トキオ」は、まずそう言えたことが大きい。そこには現実にかつてない速度で進化＝変化してゆく東京と、その果てにあるヴァーチャルな未来都市トーキョーと、外国人によって夢見られたトキオが、いわば三重映しになっているのです。

コントにも出演した全盛期

YMOの歴史に話を戻します。セカンド・アルバム『ソリッド・ステイト・サヴァイヴァー』リリース後、彼らはワールド・ツアーに出ます。最初の海外遠征はアメリカだけでしたが、今度はロンドンにも行き、やはりかなりの好評を博します。そのツアーをライヴ・アルバム『パブリック・プレッシャー／公的抑圧』として一九八〇年の二月にリリース。それを引っさげて今度は国内ツアーを行い、日本国中を回ります。そして同年六月に四枚目のアルバムにあたる『増殖』をリリースします。

『増殖』は実質的にはミニ・アルバムですが、曲と曲の間にスネークマンショーのコントが挿入されていて、最初に聴いた時、非常に新鮮な（そして奇妙な）印象を受けたことを覚えています。スネークマンショーは選曲家でのちにクラブキングを設立する桑原茂一《くわはらもいち》、ラジオ・パーソナリティの小林克也《こばやしかつや》、俳優の伊武雅刀《いぶまさとう》から成るコント・ユニットで、高橋幸宏と細野晴臣が彼らのラジオ番組を愛聴していたのがきっかけでゲスト参加が実現したのだそうですが、そのコント・パートにもYMOの三人は出演しています。人気絶頂のタイミングで、こんなことをやってのけるのがYMOならではというべきです。八一年にスネークマンショーがリリースしたアルバム『死ぬのは嫌だ、恐い。戦争反対！』にも、彼らは参加しています。

『増殖』にはアメリカでのシングルのために録音された（がA&Mの判断で結局リリースされなかった）「ナイス・エイジ」「シチズンズ・オブ・サイエンス」というキャッチーな曲も入っているのですが、明らかに『ソリッド・ステイト・サヴァイヴァー』路線を期待されているとわかっていながら敢えて外してくるあたり、天の邪鬼《じゃく》というか、さすがに一筋縄ではいかないものがあります。彼らとしては、ヒット作を連発するのが常態とされることへの危惧があったのかもしれません。

これは三人にとってYMOが初めてのバンドではなく、すでに音楽業界で短くないキャリアを持っていたことも関係しているでしょう。ところが、そんな『増殖』もチャートで一位を獲ってしまったのでした。この頃のＹＭＯが如何にすごかったかを物語っています。

問題作『増殖』を経て、八一年の三月に『ＢＧＭ』、同年十一月に『テクノデリック』と、一年の間に二枚のアルバムがリリースされます（もっとも『イエロー・マジック・オーケストラ』と『ソリッド・ステイト・サヴァイヴァー』の間も一年経っていませんでしたが）。『ＢＧＭ』は『増殖』から一転して、またそれ以前と比べても、あからさまにポップ色の薄い、際立って実験的な音楽になっています。『テクノデリック』も同じ路線です。そしてこの後、八二年にはＹＭＯとしての活動はなく、翌年には解散（散開）に至ることになります。

『ＢＧＭ』と『テクノデリック』の二枚のアルバムには、三人のメンバーそれぞれの、そしてメンバー間の、あっという間に巨大になり過ぎてしまった「ＹＭＯ」という存在――それはある意味で三人を足したものをすでに大きく超えていました――に対する苦悩や迷いや逡巡《しゅんじゅん》のようなものが随所に滲《にじ》み出ているように思えます。最初の二枚のアルバムに較べると、明らかに音作りが内省的になっており、特に『ＢＧＭ』は全体的にかなり陰鬱な印象を受けます。

しかし同時に、音楽的にもテクノロジー的にも、更に先に進んでいる感があります。『テクノデリック』ではサンプリング（まだこういう呼び名もない段階でしたが）が駆使されていて、日本はおろか世界的にも最も早い段階での導入でした。同時期に、ムーンライダーズもサンプリングを大胆に用いたアルバム『マニア・マニエラ』を録音していましたが、完成後、難解過ぎるという理由でレコード会社から発売を拒否されています（のちにカセットブックで発表され、現在は正規リリースされました）。また、ムーンライダーズのリーダー鈴木慶一と高橋幸宏が組んだデュオ・ユニット、ザ・ビートニクスがやはり八一年に発表したファースト・アルバム『EXITENTIALISM 出口主義』でも、同様の最新テクノロジーが全編で用いられています。

この章の始めにも述べたように、海の向こうでポスト・パンクやニューウェーヴといったムーヴメントが起こっている最中に、YMOは誕生しました。しかしYMOの音楽性は、少なくとも最初の二枚は、そうした海外における最新の音楽とは、あまりシンクロしていません。むしろ細野晴臣というミュージシャンが、それ以前から辿ってきたプロセスのひとつの帰結（今から思えばひとつの通過点）が、YMOの音楽性でした。そして、それに呼応するようにして、他の二人も「YMOのメンバーとしての音楽性」を開花させた、ということが言えると思います。

ところが『BGM』と『テクノデリック』には、同時代の海外、とりわけイギリスのニューウェーヴ、エレクトロ・ポップ、あるいはインダストリアル・ミュージック等からの多様な影響が聴き取れます。これはYMOが海外ツアーで直に向こうの状況に触れたことも大きいと思いますが、この頃の英米の音楽シーンは、次から次へと新しい音楽が出てくる圧倒的な活況を呈していたので、もはや意識しないわけにもいかなかったのだとも考えられます。

個人を打ち出そうとした坂本龍一

普通、ポップでキャッチーな音楽をやっていたアーティストが、ひとたびアヴァンギャルドな方向性に向かうと、大抵は戻ってこないものですが、そうではないのがYMOという存在のユニークなところです。彼らは一九八二年の一年間はYMOとしての活動はしていませんが、それぞれソロを作っています。

細野晴臣は、YMO結成以降、初めてのソロ『フィルハーモニー』を発表します。ここでは当時出たばかりのシンクラヴィアという機材を使って、『テクノデリック』の延長線上にある秀抜なサンプリング・ミュージックが展開されています。坂本龍一と高橋幸宏の二人は、ＹＭＯとして活動を始めてからも、コンスタントにソロ作品を出していて、そこが細野晴臣（彼はやはりリーダーとしての責任感があったのでしょう）との大きな違いと言っていいと思います。高橋は八〇年に『音楽殺人』、八一年に『ニウロマンティック』、同年には前述のザ・ビートニクスもありました、八二年に『ホワット、ミー・ウォーリー？』と、コンスタントにソロ・アルバムを発表しています。彼はＹＭＯへの参加をきっかけに、コンポーザーとして、シンガーとしての才能を全面開花させたと言っていいと思います。坂本も八〇年に、彼の音楽史上もっとも実験的な作品と言っていい、ダビーでパンキッシュな傑作アルバム『Ｂ－２ユニット』を発表しています。翌年の八一年にも一転してオーガニックな響きを基調とする『左うでの夢』をリリースしており、ＹＭＯの活動に完全に専念していたわけではないことがわかります。八二年にはアルバムは出していませんが、ＲＣサクセションの忌野清志郎《いまわのきよしろう》（一九五一年～二〇〇九年）と「い・け・な・いルージュマジック」というシングル曲を出して大ヒットさせています。また、大島渚《おおしまなぎさ》監督の『戦場のメリークリスマス』のサントラを担当し、初の映画出演も果たします（公開は八三年）。これが後の映画音楽家としての輝かしいキャリアへと繋がっていくわけですが、この年にはまた、松武秀樹や渡辺香津美《わたなべかずみ》（一九五三年～）と共に初期ＹＭＯのサポート・

メンバーであり、一九八二年から二〇〇六年まで結婚していた矢野顕子《やのあきこ》（一九五五年〜）の一連の作品のプロデュースも継続していました。

坂本龍一には、ＹＭＯのブレイク以後、グループと距離を取ろうとしている感じが見て取れます。ソロをＹＭＯとはかなり異なるアプローチで作ろうとしたり、ＴＡＣＯなどのアンダーグラウンドなバンドとも積極的に共演するなど、「ＹＭＯの坂本龍一」ではない自分を打ち出そう、個人としてのアイデンティティを維持しようという意志が、この時期の活動から特に強く感じられるように思います。では、ＹＭＯはそのまま空中分解してしまったのかといえば、そうではないところが面白いわけです。

最大のヒット「君に、胸キュン。」

この頃、細野晴臣は、『フィルハーモニー』という、かなり玄人向けのソロを作る一方で、アイドル歌謡の作曲家としての仕事も開始しています。これはもちろん、はっぴいえんど時代の盟友だった松本隆が作詞家として数々のアイドルやシンガーに歌詞を提供し、大きな発言力を持っていたことに関係しています。松本が細野だけでなく、同じく元はっぴいえんどの大瀧詠一や、松任谷由実（呉田軽穂《くれたかるほ》名義）や、尾崎亜美《おざきあみ》（一九五七年〜）など、自分と同世代のミュージシャンを、次々と歌謡曲、アイドル・ポップスの世界に引き入れていくという現象が、この時期に起きていました。そして、この作曲家活動は、細野にとって精神的なバランスを取るという意味でも、必要だったのだと思います。細野にしろ坂本にしろ、何らかの形で「YMO」を相対化しなくてはならなかった。そうしなければ、彼ら自身が持ち堪えられないほど、YMOは怪物化してしまっていたということです。

そして一年間のブランクを経て、一九八三年にYMOは活動を再開します（おそらく、この時期にすでに解散に向けての話し合いはしていたのではないかと思いますが）。二枚の実験的なアルバムを出したからには、更にそのベクトルを突き進むのかと思いきや、まったく反対に、シングル・ヒットを狙うという意外な方向に舵を切ります。その結果、シングルとしてはYMO最大のチャート・アクションを見せた「君に、胸キュン。」という曲が誕生します。カネボウとのタイアップで、本人たちもCMに出演しました。作詞は松本隆、作曲はYMOの三人の連名、歌はもちろん高橋幸宏が担当です。彼らはこの曲の発売前に「オリコンチャートで一位を獲る」ことを宣言していました。アヴァンギャルドな作品が続いた後に、今度は日本一売れるシングルを世に放つ、この挑戦自体が、極めてコンセプチュアルなものであり、いわばネタ的です。そして実際「君に、胸キュン。」は、歌謡曲的と言ってもいい（あたかも職業作曲家細野晴臣がＹＭＯに曲提供をしたかのような）非常にポップなキャッチーな曲です。しかし結果としては、どのチャートでも一位は獲れず、最高二位止まりだったのです。そして、その時に一位だったのは、松田聖子《まつだせいこ》の「天国のキッス」。やはり松本隆作詞、細野晴臣作曲のシングルだったのです。つまり細野は、自分で自分を阻んでしまったということです。ただ、むしろこれもＹＭＯらしいエピソードだと思います。

続いて、ＹＭＯは「過激な淑女」というシングルも出しますが、これも一位は獲れず、というより「君に、胸キュン。」よりも売れませんでした。ちなみにこの曲は、もともと中森明菜《なかもりあきな》のシングル用に細野が作曲したものの採用されなかったのをＹＭＯで復活させた、という経緯だったようです。そして「君に、胸キュン。」を冒頭に据えた『浮気なぼくら』というアルバムを八三年の五月にリリースします。当然、全面的に「歌謡曲」的なアルバムを、半ば期待、半ば心配したものですが、そこまで振り切った作品にはなっていませんでした。確かにほとんどの曲でより魅力を加えた高橋幸宏のヴォーカルがフィーチャーされたこのアルバムは、初期ともまた違った意味でポップであり、聴きやすさに主眼を置いた音作りが施《ほどこ》されているのですが、では「君に、胸キュン。」クラスのキャッチーな曲が他にもあるかといえば、そうでもありません。思うにやはり、彼ら自身にも踏み切れないところがあったのではないでしょうか。このことは、二ヶ月後にヴォーカルを抜いて構成を変更したリミックス・アルバム『浮気なぼくら（インストゥルメンタル）』がリリースされていることからもうかがえます。そしてこの二枚のアルバムを送り出した後、解散の話が出てきます。

「散開」という名の「解散」

第一次YMOは、この後にオリジナル・アルバムとしてはもう一枚、一九八三年十二月に『サーヴィス』というアルバムを出していますが、これはその名の通りサービスで作ったもののようで、本当は『浮気なぼくら』でやめてもよかったのでしょう。あるいはもしかしたら「君に、胸キュン。」もすでにサービスのつもりだったのかもしれません。いずれにせよ八二年の沈黙から、そのままフェードアウトするには、YMOは大きくなり過ぎていたということだと思います。

一九八三年の秋に、正式にYMOの解散がアナウンスされます。ただし彼らは「解散」と言わず「散開」という言葉を用いました。文字通り、散って開いていく、ということですが、この終わりへのプロセスは、どこかはっぴいえんどを反復しているようにも思えます。はっぴいえんども、バンドとしての名声を一気に確立した後、メンバーのソロ活動が活発化し、解散を表明してから、発展的解消を打ち出しつつ、グランド・フィナーレを迎えたのですから。もちろん、はっぴいえんどの時とは違って、YMOの三人は、それ以前にすでに豊かなキャリアを持っていたので、バラバラの状態からひとたび結集して、数年間の活動期間を経て、またひとりひとりの場所に戻っていった、ということなのですが。

この頃には、細野と坂本の不仲も囁《ささや》かれており、YMOの三人のメンバーは色んな意味で相当に疲弊していたものと思われます。それでも細野には、はっぴいえんどの時のような幸福な結末を演出したいという気持ちが、やはりあったのではないかと思います。この「散開」という言葉が面白いということで、彼らはまた多くのメディアに取り沙汰されます。そして八三年の末に日本全国六ヶ所で「散開ツアー」を行い、その最中に『サーヴィス』がリリースされます。

このアルバムは『増殖』と同様のコンセプトで、三宅裕司《みやけゆうじ》のスーパー・エキセントリック・シアター（S.E.T.）のコントを曲間にフィーチャーした作品です。また、国際連合の「世界コミュニケーション年（World Communications Year＝WCY）」のテーマ曲で、アルバムに先立ってシングル・リリースされていた、近年のライヴでもたびたび演奏されている「以心電信」も収録されています。散開ツアーのラストは、一九八三年十二月二十二日、日本武道館でのWCY記念の無料チャリティ・コンサートでした。翌八四年の二月に、散開ツアーの日本武道館公演（八三年十二月十二日～十三日）の演奏を収めた『アフター・サーヴィス』というライヴ・アルバムをリリースします。そしてこれをもってイエロー・マジック・オーケストラは「散開」しました。

奇妙なライヴ映画『プロパガンダ』

一九七八年の秋に結集して、一九八四年のはじめに散開したYMOは、実質的には五年くらいしか活動していません。しかも、その間に一年間、バンドとしては何もしていない期間もあります。いかに濃密な、そしていかに変化の速いグループだったか、ということが言えると思います。

『アフター・サーヴィス』と同じ武道館でのライヴの映像を元にしたドキュメンタリー映画『プロパガンダ（A Y.M.O. FILM PROPAGANDA）』が、一九八四年の五月に公開されています。いわばアフター・アフター・サーヴィスのようなものですが、この映画はいま改めて観てみると、幾つもの意味で大変興味深い作品となっています。

まず、この映画は、純然たるライヴの記録映画というよりも、一種のドラマ仕立てというか、ひとりの少年を狂言回しとして、ＹＭＯの三人をフィーチャーした謎めいたイメージ映像が連ねられていって（撮影は八四年の一月に集中して行われました）、クライマックスで武道館でのライヴに至る、という構成になっています。演奏の様子が丸ごと捉えられているのはたった二曲で、もちろんバックにはＹＭＯの音楽が流れているし、ライヴ映像の断片も時々挟まれるのですが、基本的にはいつまで経ってもちゃんとした演奏場面にならず、延々とシュールで意味ありげな映像が続いてゆくという、実に奇妙なフィルムになっているのです。脚本、監督は佐藤信《さとうまこと》。寺山修司《てらやましゅうじ》や唐《から》十郎《じゅうろう》に並ぶアングラ演劇の劇作家、演出家で、劇団黒テントを主宰する人物です。

映画のオープニング・シーンは、列車の発車音が響いて、どことも知れない、どこか荒涼とした雰囲気の「昭和駅」に、まだ幼顔の残る白シャツ黒ズボンの少年が、バケツと何枚もの丸めたポスターらしきものを持って降り立つところから始まります。工場のサイレンの音が聞こえています。少年が踏切を越えて通り過ぎる建物の壁には「昭和電工川崎生活協同組合」という表示があります。電車の警笛や工場の駆動音のような音がしています。そこに女性のナレーション。「時として、言葉でものを伝達するには、現実があまりに複雑になってしまうことがある。伝説が、それを新しい形に作り直し、世界に送り届ける」。これはゴダールの『アルファヴィル』からの引用です。少年は他に誰ひとり姿の見えない閑散とした町のあちこちに、ポスターを貼っていきます。そこには赤地に白丸の上に、三人の人物のシルエットが描かれており、上から「ＹＭＯ」と記されています。そこに大きな飛行機の音が被さってきて、映像がストップモーションになって、メイン・タイトルが出ます。

ＹＭＯファンの困惑

このあとの展開、特に中盤は、まさに寺山的と言ってもいいアングラ色の濃い場面の連続となっており、公開当時、多くのＹＭＯファンが困惑しただろうことは疑いを入れません。少年はやがてＹＭＯの散開コンサートの会場（武道館ではなく、工業地帯の空き地にそびえ立っている）に紛れ込み、演奏を目撃、いや幻視します。ライヴが最高潮に達した「ライディーン」の演奏中、いつのまにか海岸に移っていたステージは燃え上がり、炎に包まれながらＹＭＯは音楽を続けます。やがてセットは全て燃え落ちてしまいます（この撮影は実際に武道館で使われたセットを千葉の海岸に丸ごと持ち込んで行われたそうです。つまり彼らは本当に自分たちの最後の「舞台」を燃やしてしまったのです）。この映画は、冒頭の女性とラストの少年のナレーション以外、台詞は一切ありません。エンディングの少年の語りは、このようなものです。

「僕は、この話を誰にもしてやらないことに決めた。来年の、次の年の、また次の年になったら、僕だって、もうすっかり忘れているんだ」。ここには哀切な、だが冷徹なアイロニーがあります。

まず何よりも、冒頭の「昭和駅」という（架空の）駅名に引っかかります。言うまでもなく、この時はまだ一九八四年であり、昭和が終わるのは八九年のことです。しかし明らかに、ここには「昭和」へのノスタルジーのような感覚がうかがえます。ノスタルジーと言っても、それは非常に倒錯的なものであり、装われたアナクロニズムともいうべきかもしれません。

この「昭和」は、映画の撮影／公開当時の「トーキョー＝トキオ」にとって、いわば置き忘れられた過去のようなものとして描かれています。西暦一九八四年は、昭和五十九年。昭和五十年代の終わりです。昭和的なるものの葬送と追慕がアンビヴァレントに折り重ねられた風景が、ここにはあります。常に颯爽《さっそう》と時代の先端を切り拓いてきた、最新流行の象徴ともいうべきＹＭＯの終焉《しゅうえん》を記録した映画の舞台が、このようなものであったということは、とても意味深長ではないかと思います。

また、映画のタイトルが『プロパガンダ』であり、散開コンサートのステージ・セットも、ＹＭＯのコスチュームも、明らかにファシズム的、ナチ的、第三帝国的な意匠になっています。これは初期の彼らが人民服を着てテクノカットにして、フェイクなチャイニーズ的なイメージを纏っていたことを考えると面白い。演奏中の彼らは笑顔ひとつ見せず、ほとんど無表情であり、これも初期に戻ったかのような印象を与えるのですが、共産主義が全体主義に変化してしまっているわけで（まるで北朝鮮です）、これはもちろん、イデオロギー的心情とはまた別次元の問題です。坂本龍一が左翼的と言っていい思想スタンスを持っていることは間違いありませんが、YMOはむしろ、シリアスな主義や主張を遊戯的に隠蔽《いんぺい》し攪乱《かくらん》するような振る舞いを、一貫して取っていたのですから。

巨大で不気味な何か

映画『プロパガンダ』は、現在ではDVDで観ることができます。その解説には、おそらく公開時の劇場パンフレットの転載だと思いますが、YMOのメンバーそれぞれに三人の人物が文章を寄せており、細野晴臣には矢野顕子、高橋幸宏には景山民夫《かげやまたみお》、そして坂本龍一については村上春樹《むらかみはるき》が執筆しています。この中で村上は、坂本のソロ『左うでの夢』にちなんで「左きき音楽」という言葉を使って、音楽の身体性について述べています。

何度も引用してきた細野晴臣のインタビューに出てくることですが、ＹＭＯをどう終わらせるか、という点については、当然のことながら、さまざまな可能性があったようです。

細野　ＹＭＯを一つのブランドとして残せるかなという計画もあったんです。ＹＭＯというのは三人じゃなくてもよかったわけですよ。マニュアルがあれば誰でも入れるように作ってあって、いろいろな人が入って然るべきだと思っていた。ところが、世の中に出ていけば出ていくほど、キャラクターとして出ていかなきゃならなくて、三人のキャラクターが固定しちゃって、非常にフラストレーションがたまってしまった。解散寸前のころは、ＹＭＯは一つのブランドとして、原点に戻って音楽活動の総称としてＹＭＯブランド、レーベルでもいいんですけれども、やっていく可能性が強いなと実は思っていたんです。（前掲書）

そうはならなかったわけですが、他にも「ＹＭＯ」を他の誰かにあげてしまうとか（実際、秋山道男《あきやまみちお》にあげるイベントも催《もよお》されました）、宗教法人として登録するというアイデアもあったそうです。こんなエピソードからも、ＹＭＯという存在が、バンドというよりも、もっと違った巨大で曖昧な、ある意味では不気味でさえあるような何かであったこと、YMOであった者たちにとってさえ、いつのまにかそうなってしまっていたということが、よくわかります。

やはりインタビューで、細野はYMOの音楽性については、こう回顧しています。

細野　YMOをやってて、コピー・バンドがいっぱい出てくるって予想してたんですが、いなかったんですよ。YMOは後期になってからは誰でも演奏できるようなものだったんです。一つだけ小学生のバンドが真似して出てきましたが、それほど安易にコピーできる単純性を持ってたんです。「ライディーン」とかあのころのYMOは、マニュアルさえあれば、誰でもできるというスタイルだったんです。それだけにコピーする意味がないというか（笑）

これに続く発言は、とても重要です。

細野　音楽的な影響は日本ではそれほど大きくなかった。キャラクターで売れてくる国だな、という感想を持ったことがありますね。最初は顔を隠して、匿名性を徹底してやろうと思っていた意志が崩れて、一人ひとりキャラクターとして扱われだして、どうしても顔が出ていっちゃう。逆に、僕たちのもくろみは外国で成功したと思うんです。匿名性という意味でも、音楽的な影響を残したという意味でも、ディテールに至るまでね。（前掲書）

「期待に応えない」戦略と本能

この発言からわかるのは、ＹＭＯもやはり、紛れもないポスト・パンクの申し子であったということです。細野晴臣の頭の中には、間違いなくそういう意識が最初からあった。つまり、すでにミュージシャンとして十年のキャリアのあった細野にとって、また他の二人にとっても、続々と出てくるテクノロジーに対応した音楽を作っていくことは、音楽的な進化のみならず、パンク以後のラディカリズムを、あるかなり特異なやり方で引き受けようとすることだったのだということです。

第一にそれは、いまだ使用法やその可能性が未知数のテクノロジーとの格闘でした。楽器から機材へ。曲作りと音作りは、それ以前は基本的に別々の作業でした。ＹＭＯによって初めて意識的に、その二つは密接に連結され、あるいは並行するようになった。

それから、もっと重要なのは、細野が語っている「匿名性」と「誰でもできる」ということです。マニュアルさえあれば、誰もがYMOになれる、というのは極めて過激な考えです。そしてそれは「3コードが弾ければ音楽はやれる」と嘯《うそぶ》いたパンクスと、やはり似ています。アーティストが顔や名前を持つことをやめ、そして誰でもなろうと思えばアーティストになれる、という、まったく新しい音楽のユートピアを、細野は夢想していたのかもしれません。しかし、それは、彼ら自身がキャラクターとして人気を獲得するとともに、潰《つい》え去っていくことになったのでした。もちろん、それを細野自身も回避はせず、むしろ自ら乗っていったのだと思います。したがって右の発言は、とてもアンビヴァレントなものだと言えます。そして、このこと自体、とてもYMO的です。

YMOの振る舞い、そのアティチュードを一言でいうならば、期待に応えない、ということだと思います。彼らは常に必ずと言っていいほど、こうなったからには次はこうなるだろう（こうなるべきだ）という周囲やリスナーの予想や期待からズレた展開に向かいます。それはシニカルでありアイロニカルであり、パロディアスで自己批評的です。それは半分は戦略であり、もう半分は本能なのだと思います。

そして何よりもおそろしいことは、にもかかわらず、YMOは成功し続けてしまった、ということです。ニッポンでは、ひとたびキャラクターとしての人気が確立し、その存在の肥大化があるレヴェルを越えたなら、そのバブルが弾けるまでは、何をやっても人々は悦んで受け入れてしまう、これほどアーティストにとって、つらいことがあるでしょうか。誰でもＹＭＯになれる、ということは、その「誰でも」がたまま自分たち三人だったということです。そうあるべきだし、事実そうなのだ、と細野は思ったことでしょう。しかしそれでも、ＹＭＯがＹＭＯで、この三人であったことは決定的な、運命的な事実なのです。

二度の再結成

ＹＭＯはその後、二度、再結成されています。一度目は「散開」から約十年が過ぎ一九九三年二月、大々的に「ＹＭＯ再生」が打ち出され、これも実に彼らしいのですが、四月一日のエイプリルフールに記者会見をして、ＹＭＯを再結成すること、ニュー・アルバムを出すこと、そして東京ドームでライヴを行うことを発表しました。この会見は、三人が会場にしつらえられた大きなベッドに手錠で繋がれて寝かされた状態で行われました。そして同年五月にアルバム『テクノドン』を発表します。伝説のバンドの再結成をマスコミがこぞって報じたこともあり、このアルバムは高いセールスを記録します。そして六月に東京ドームで二日間にわたって再結成ライヴが行われ、その模様を収録した『テクノドン・ライヴ』を発表後、今度は特別なアナウンスもないまま、YMOはふたたび活動を停止してしまいます。

ところが、更に十年以上が過ぎたゼロ年代の半ばくらいから、三人は三たび活動を共にするようになります。その前提になったのは、細野晴臣と高橋幸宏が二〇〇二年にデュオとして結成したエレクトロニカ・ユニット「スケッチ・ショウ」です。ここに坂本龍一がゲストで加わった「ヒューマン・オーディオ・スポンジ（Human Audio Sponge＝HAS）」名義で、国内外の幾つかのフェスティバルに出演します。これはすでに実質的に再結成であるわけですが、この時点でYMOを名乗らなかったのは、「YMO」という名称が八〇年代に所属していたアルファ・レコードによって商標登録されていたから、というのが第一の理由でした。実は『テクノドン』の時も「YMO」の上から×マークが付いていました（ノットワイエムオーと読んでいました）。しかし、それだけではなく、彼らはYMOを復活させることに躊躇《ちゅうちょ》と、おそらくは恐れもあったのだと思います。これはメンバー全員が幾つかの機会に語っていることですが、九三年の「再生」は、多分にビジネス絡みのもので、再結成を大々的に打ち上げられてお祭り騒ぎとなり、本当はすごく嫌だった。あのようなことは、本音を言えば全然やりたくなかったし、やっていても楽しくなかった。そのせいで、彼らにとってますます「YMO」はトラウマのようなものになってしまったのです。だから「再生」と同じような形での再結成であれば、もう絶対にやらない、と決めていたのだそうです。

ならば「再結成」と言わないまま、ふと気づいたらまた一緒にやっていた、ということにすればいいのではないか。そこで、サブリミナル的にというか、見ようによっては騙し討ちのような形で、彼らは少しずつ共演、共作を連続させてゆきます。二〇〇七年二月、三人はキリンラガービールのCMに揃《そろ》って出演し、その音楽として往年の名曲を新たなアレンジで録音した「RYDEEN 79／07」を iTunes の配信限定シングルとしてリリースします。この際、CMでは「YMO」、リリースでは「イエロー・マジック・オーケストラ」という名義が使用され、なお法的な問題があったことが推察できます。ともあれ、これを弾みに活動が更にアクティヴになり、ベスト盤やライヴ盤、過去リリースの復刻・再発売などが相次ぎます。そして同年五月には、高橋幸宏の提案で、パシフィコ横浜ホールで小児がんのためのチャリティ企画「Smile Together Project」の一環としてHAS名義でのコンサートが行われました。

筆者もこの会場に居ましたが、終始リラックスした親密な空気に覆われたライヴで、三人の関係がとても良いことがはっきりと窺えました。中でも感動的だったのは、一九八一年四月にシングルとしてリリースされ、追ってアルバム『BGM』に収録された「キュー（Cue）」です。この曲は、当時非常に人気のあったイギリスのエレクトロ・ポップ・バンド、ウルトラヴォックスの強い影響下で、細野と高橋の二人によって作曲され、その場に居なかった坂本にキーボードを加えることを提案したものの、ウルトラヴォックス的過ぎるという理由で坂本はこれを拒否、結果として坂本のパート抜きで完成したものです。それゆえライヴで披露される際は、坂本はすることがないので碌《ろく》に叩けないドラムスを担当するのがお決まりのパターンになりました。YMOのメンバー間の不和を示唆するエピソードとして知られているのですが、パシフィコ横浜ではこの曲がラストに演奏され、ちゃんと坂本龍一が楽しそうにドラムを叩いていたのです。

この後も、主に「HASYMO」と「イエロー・マジック・オーケストラ」という二つの名前を、その時々によって使い分けながら、三人は継続的にライヴ活動やリリース等を行いつつ、現在に至っています。しかし、その詳細を記すのはもう止《よ》しておきましょう。YMOの歴史＝物語は、今も続いているのですから。

「テクノポップ」と「テクノ」

ＹＭＯは「テクノポップ」の嚆矢《こうし》とされるアーティストです。この言葉は、日本独自のものです。海外では、彼らのように電子楽器を駆使した音楽のことは「エレクトロ・ポップ」や「シンセ・ポップ」等と呼ばれていました。テクノポップとは、文字通りテクノロジーによるポップ・ミュージックのことで、幾つかの資料や証言によれば、音楽評論家の阿木譲《あぎゆずる》が命名したということになっています。この言葉を気に入った坂本龍一が、自身のラジオなどでも頻繁に使ったことにより、音楽メディアやファンの間でも定着し、程なく一大ムーヴメントになった、ということのようです。ＹＭＯと相前後して、プラスチックス、Ｐ－ＭＯＤＥＬ、ヒカシュー、シーナ＆ロケッツ等、日本におけるポスト・パンク／ニューウェーヴ＝テクノポップの一群のバンドが登場して、いずれも斬新で個性的な音楽性によってシーンを賑《にぎ》わせました。そしてその熱気の発火点であり中心に居たのは、間違いなくＹＭＯでした。

すでに述べたように、細野晴臣がＹＭＯを発想した前提のひとつとして、クラフトワークの存在がありました。また、ディスコというクラフトワークとは異なる文脈でシンセサイザーを導入し、ドナ・サマーのプロデュースで一躍名を馳《は》せたジョルジオ・モロダーも、ＹＭＯに大きな影響を与えています。これらのテクノロジカルなポップ音楽への日本からの返答として、細野は新たなグループを結成したのでした。そして、そこから「テクノポップ」というジャンル名が生まれてきた。

ややこしいのは、九〇年前後に「テクノ」という言葉が海外で生まれたことです。アメリカのデトロイトやシカゴなど都市部の黒人が、ヒップホップやハウスを背景に、安価なシークエンサーやドラムマシン等で制作した、12インチ盤シングル・ベース、DJユースのダンス・ミュージック、またそれらに呼応する形でイギリス等ヨーロッパ各地から現れてきた若きトラック・メイカーたちの音楽が「テクノ（・ミュージック）」と名付けられ、欧米の音楽シーンを圧倒的な勢いで賑わしていきました。

ところが、日本においては、この「テクノ」という語は、すでに十年も前に「テクノポップ」で用いられていたわけです。そして事態を更にややこしくしているのは、九〇年代テクノのアーティスト達もまた、遡っていけばクラフトワークやジョルジオ・モロダーから繋がってくる系譜に属する、ということです。つまりテクノもテクノポップも元を辿れば同じと言えば同じ流れに行き着く。しかしだからといって「テクノポップ」と「テクノ」は連続しているわけではない。「テクノ」は海外で幅広く連鎖的に起こった現象ですが、「テクノポップ」はあくまでも日本国内のドメスティックなブームに過ぎなかったからです。しかし、このことによってどうしても日本では、この二つの言葉の間で用語上の混乱や短絡が起きてしまいがちです。「テクノ」の基本はハウスと同じく四つ打ち（バスドラムの四拍の繰り返し）ですが、YMOに限らず「テクノポップ」で四つ打ちは稀《まれ》です。「テクノ」はダンス・ミュージックですが、「テクノポップ」はそうではありません。

一九九三年のYMOの「再生」アルバムのタイトルは『テクノドン』でした。この頃は、日本においても「テクノ」の人気に火がつき始めた時期です。日本人テクノ・アーティストのケン・イシイが、テクノのパイオニア・レーベルのひとつベルギーのR&Sレコーズからデビューしたのがこの年です。『テクノドン』の「ドン」は、恐竜の「〇〇ドン」の「ドン」です。つまり、絶滅したと思われていた「テクノポップ」の恐竜が、九〇年代の「テクノ」の時代に復活した、という意味なのだと思います。如何にも彼ららしいネーミングですが、『テクノドン』には、オンタイムでの「テクノ」に近い印象がある曲も入っているのです。いわば「テクノポップ」が「テクノ」に挑戦しているわけですが、たまたまこの時期に「再生」したせいで（もちろん「テクノ」のブームがやってきたから「再生」話が持ち上がったという可能性もありますが）YMOは「テクノ」を意識せざるを得なかった。

筆者はこの当時、日本における「テクノ」受容に、音楽ライターとしてかなり深くかかわっていましたが、『テクノドン』の「テクノ」には、往年の「テクノポップ」に思い入れがあっただけに、少々点数が辛くなってしまった記憶があります。何もわざわざYMOが若作りして「テクノ」をやらなくてもいいのではないか、と。しかし今、あらためて聴き直してみると、とりわけ音色面で、『テクノドン』には先駆的な所が多々あったと思えます。ともあれ、YMOの「再生」によって、「テクノポップ」と「テクノ」は、言葉の上だけでなく繋がってしまった。

日本でのみ成立した、この奇妙な連続は、『テクノドン』の半年ほど後に四枚目のアルバム『VITAMIN』をリリースする電気グルーヴの石野卓球《いしのたっきゅう》（一九六七年〜）が、よりクリアな形で体現しています。電気グルーヴの前身は「人生」というバンドで、八〇年代に大変人気のあったナゴム・レコードというインディペンデント・レーベルの出身です。石野はもともとYMOの熱烈なファンで、人生も音楽的にはテクノポップ〜ニューウェーヴ的でした（その他にギャグやラップの要素もありましたが）。その発展形として電気グルーヴとしてメジャー・デビューするのですが、石野がイギリスでテクノ・ムーヴメントの盛り上がりを直接体験したことがきっかけで、音楽性をテクノにシフトしていくことになります。石野は一九九四年に、音楽ライター／編集者の野田努《のだつとむ》と、日本初の「テクノ」の入門書『テクノボン』も刊行しています。つまり「人生から電気グルーヴへ」は「テクノポップからテクノへ」になってしまったわけです。これもまた「テクノポップ」と「テクノ」を両方体験してしまった、ニッポンの音楽の歴史ならではの出来事だと言えるでしょう。

エヴォリューション＝進化

この章の最後に、本書の姉妹編に当たる『ニッポンの思想』との接続線を、ひとつだけ引いておきます。同書は、題名の通り、日本の「現代思想」の歴史＝物語を筆者なりに繙いたものです。それは一九八三年、浅《あさ》田彰《だあきら》の『構造と力』という本の刊行によって幕を開けます。精確に述べると、同書の刊行は八三年の九月。ＹＭＯ史上では『浮気なぼくら（インストゥルメンタル）』がリリースされて二ヶ月後、解散ならぬ「散開」が発表される直前にあたります。『構造と力』が思想書、哲学書としては破格のベストセラーになったことがきっかけで、日本中に「ニュー・アカデミズム」と呼ばれる特異な流行が巻き起こっていくのと、ＹＭＯが「散開」していった時期は、完全に重なっています。そしてそれ以後、坂本龍一と浅田彰、それから細野晴臣とニューアカ（デミズム）のもう一人のスターである中沢新一という二組のペアが誕生し、さまざまな形でコラボレーションをしていくことになりました。

坂本と浅田が組んだ一大プロジェクトが「ＴＶ ＷＡＲ」です。一九八五年に開催された「国際科学技術博覧会＝つくば科学万博」の一環で、浅田彰がコンセプトを、庄野《しょうの》晴彦《はるひこ》と原田《はらだ》大三郎《だいざぶろう》から成るヴィデオ・アーティスト・チーム「ラジカルＴＶ」が映像を、坂本龍一が音楽を手掛けた、オーディオ／ヴィジュアルのショーです。ステージに設置されたジャンボトロンと呼ばれるＳＯＮＹの巨大モニターではラジカルＴＶによるポリティカルでクリティカルなビデオ・コラージュがめまぐるしく展開し、坂本の音楽も非常にアッパーでダンサブル、バブル景気と情報化が急激に進行しつつあったニッポンを象徴するかのようなパフォーマンスでした。

「ＴＶ ＷＡＲ」もＤＶＤ化されていますが、そこに浅田彰による宣言文「ＴＶ ＥＶ ＭＡＮＩＦＥＳＴＯ」が載っています。ＥＶはＥｖｏｌｕｔｉｏｎ＝進化の略です。そこで浅田がまず述べているのは、ここでのＴＶとは、いわゆるお茶の間のテレビとはまったく異なる、映像＝イメージの氾濫する時代のキーワードであるということです。「ＴＶエヴォリューションが開始される」。浅田は、こう書いています。

> ハードウェアの恐るべき進化によって、高度なヴィデオ・システムも、誰もが使える手軽な道具となりつつある。

送り手と受け手の別はだんだん曖昧になり、ついには、どの点からどの点へも送信・受信のできる非中心的なメディア・ネットワークが全世界を覆うだろう。そこでは、誰もがスターとなり、ヴィデオ・アーティストとなるだろう。

YMOについて細野晴臣が抱いていた夢に似ているようですが、もっと直接的には、これは「誰もが15分間なら有名人になれる」と言ったアンディ・ウォーホルのハイテク・ヴァージョンです。そして浅田は「TVエヴォリューションは、メディア・エヴォリューションにほかならない」と記してから、こう続けます。

スクリーンの内と外が錯綜した、異様なリアリティ。TVエヴォリューションはあくまでもそこにとどまり、ためらうことなく前進する。それは、高度情報化社会の行方を決するサイバネティックなゲリラ戦の、クリティカル・ポイントとなるだろう。

ここで重要なのは、明らかに「エヴォリューション＝進化」という言葉です。テレビが進化する、メディアも進化する、音楽も進化する、思想も、社会も、人間も、刻々と、ひたぶるに進化してゆく。進化ということ自体が、ここでは高らかに宣言され、肯定されているように見えます。

ところで、ここでふと、YMOがファースト・アルバムを、クラフトワークが『人間解体』を出した一九七八年を振り返ってみると、この年に日本のニューウェーヴにも大きな影響を与えたバンドのデビュー・アルバムがリリースされていたことに気付きます。そのバンドの名前はディーヴォ＝DEVO、アメリカのバンドです。DEVOとは「デ・エヴォリューション」つまり「退化」という意味です。人間は進化していない、むしろ退化している、というのが彼らの主張（?）です。ディーヴォは七八年に『頽廃的美学論（Q：Are We Not Men? A：We Are Devo!）』というファースト・アルバムを発表しましたが、これが日本でもかなり売れて、七九年には来日を果たします。ディーヴォの直接的なインパクトを受けて登場してきたのが、プラスチックスであり、P-MODELでした。もちろん、YMOもディーヴォからの影響を公言していました。

つまり「テクノポップ」の出発点には、進化ならぬ「退化」が（も）あったのでした。しかし、それから僅《わず》か数年で、全てが「進化」の勢いに飲み込まれていった。実際、確かに進化していたのですから。YMOの「散開」以後、ニッポンの八〇年代

（の音楽）は、「退化」を忘却したまま、ただひたすらに「進化」していったのです。

幕間《インタールード》の物語　「Jポップ」の誕生

J-WAVEが作った言葉

「はじめに」でも述べておいたように、七〇年代、八〇年代の「ニッポンの音楽」は、「Jポップ」とは呼ばれていませんでした。この言葉が生まれたのは、一九八八年の十月以降だと言われています。つまり、それ以前の日本のポップ・ミュージックは、まだJポップではなかったということです。九〇年代以降、日本のポップ・ミュージックを指す言葉として「Jポップ」が蔓延《まんえん》してゆき、このキーワードに包含される音楽がどんどん広がっていって、やがて日本のポップスのほとんど全てを覆い尽くすことになります。

「Jポップ」という言葉の最もよく知られている誕生エピソードは「J-WAVEが作った」というものでしょう。Jポップの基本文献として非常にしばしば参照されている烏賀陽弘道《うがやひろみち》の岩波新書『Jポップとは何か――巨大化する音楽産業』の最初に、J-WAVEが「Jポップ」という言葉を最初に作ったという話が出てきます。

J-WAVEは、一九八八年の十月一日に開局したFM放送局です。最近では必ずしもそうではないようですが、開局当時のコンセプトは、既存のAM／FM放送との差異化をはかって、ラジオ番組の基本である喋りの要素を極力無くして、とにかく音楽を、しかも洋楽ばかりを掛け続ける、というものでした。たとえば、ある海外アーティストの新譜が出ると、そのアルバムの特集を組んで、一枚丸ごと流してしまうようなことも行われていました。つまり、J-WAVEは、日本で最初に「洋楽専門」を打ち出したラジオ局だったのです。

八〇年代後半といえば、現在では考えられないほどの洋楽受容があった頃ではありますが（だからこそJ-WAVEのようなラジオ局が発足し得たということです）、それでもやはり、一〇〇％完全に洋楽オンリーというわけにはいかないところもありました。何より、ラジオで掛かるような洋楽アーティストの日本盤（国内流通盤）をリリースしているレコード会社は当然、邦楽も出していますから、やがて局のポリシーを守りながらも、国内の音楽、とりわけニュー・リリースをどうすれば紹介できるのか、という命題が生じてきます。『Jポップとは何か』には、当時のJ-WAVEの社長が、レコード会社の人間を集めて会議をする場面が描写されています。といっても著者の烏賀陽氏がその場に同席していたわけではなく、関係者への取材をもとに、その時の様子を再構成したものです。

この「J-WAVEで邦楽を扱えるコーナーを作ろう」という会議では、当然のごとく、どういう邦楽を掛けるのか、どんな日本の音楽なら掛けられるのか、という点が議題に上りました。開局当初から洋楽専門局としてのアイデンティティを強く打ち出していたので、日本の音楽を流すにあたっては、何らかのエクスキューズと方向付けが必要になったのです。『Jポップとは何か』によると、その会議では「どんなミュージシャンの作品をかけるのか。そのコーナーにどんな名前を付けるのか」、更にJ-WAVEでは基本、ナレーションは英語だったので「英語の語りの中で『日本のポップス』をどう呼ぶのか」ということが議論されたそうです。

「ジャパニーズ・ポップス」は長すぎてアナウンスしにくいし、直訳にすぎる。「ジャパン・ポップス」では「和製ポップス」と大差がなく、芸がない。「都会的な音楽」ということで「シティ・ポップス」「タウン・ミュージック」という案も出た。いくつかの案がボツになったところで、誰かが言った。

「ジャパン・ポップスにしてもジャパニーズ・ポップスにしても「J」は同じなんだから「Jポップ」でいいんじゃない？　短い方がいいよ。ラジオで言いやすいし。

第一、ここはＪ－ＷＡＶＥだし。「Ｊズ・リコメンド」とか、いろいろ「Ｊ」にひっかけて名前を作れそうじゃないか」

「Ｊポップ」という名前が生まれ落ちた瞬間である。同席者からは苦笑が漏れた。

「Ｊポップ？　何だ、そりゃ？」と。関係者の記憶ははっきりしないが、八八年末から八九年初頭のことだ。

（『Ｊポップとは何か――巨大化する音楽産業』）


まるで見てきたように書いてありますが、この新書が出たのは二〇〇五年なので、当事者の証言に基づくとしても、ずいぶん時間が経った話ではあり、必ずしもこの通りだったのかどうかはわかりません。しかし、おおよそこのような経緯を経て、Ｊ－ＷＡＶＥで日本の音楽を流す際に「Ｊポップ」という言葉が使用されるようになったのは事実のようです。これが「Ｊポップの起源」ということになっています。

「Ｊ」現象と「内」と「外」

しかし、Ｊ－ＷＡＶＥという当時新興の一介のラジオ局が「Ｊポップ」という言葉を使用し出したからといって、それがすぐに人口に膾炙《かいしゃ》していったわけではありません。「Ｊポップ」がもっと世間一般に広がっていって、現在のような誰もがごく普通に使う言葉になったのは、もう少し後のことです。

Ｊ－ＷＡＶＥの「Ｊ」、Ｊポップの「Ｊ」は、もちろん「ＪＡＰＡＮ」の「Ｊ」であるわけですが、Ｊ－ＷＡＶＥ開局以前の八〇年代後半から、それまでは漢字の並びだったさまざまな組織の名称を「Ｊ～」に変更する動きが連続して起きていました。Ｊ－ＷＡＶＥ開局の前年、一九八七年の四月に国鉄が「ＪＲ」に改称していますし、Ｊ－ＷＡＶＥ開局とほぼ同じタイミングで、日本たばこ産業株式会社が「ＪＴ」になっています。Ｊ－ＷＡＶＥやＪポップも、この流れで発想されたものと思われます。

しかし、このような「Ｊ」現象の決定打になったのは、何と言っても一九九三年五月に発足した「Ｊリーグ」だと思われます。Ｊリーグのスタートによって、日本ではサッカーの一大ブームが巻き起こりました。これによって「Ｊ」という言葉があちこちで頻繁に用いられるようになり、その波に乗って、誕生から四年ほどが過ぎていた「Ｊポップ」という言葉も、日本全国あまねく流通するようになったのだと思われます。つまり「Ｊポップ」という言葉を作ったのはＪ－ＷＡＶＥだったが、それを日本中に拡散させたのはＪリーグ・ブームだったということです。九〇年代半ばになると、「Jポップ」という言葉は、ほぼ現在と同じような使われ方が定着していました。

それから、忘れてはならないのは、J-WAVEが開局し、Jポップという言葉が生み出された八八年末から八九年の頭にかけて、日本という国にとって非常に大きな出来事が起きていたということです。言うまでもなくそれは昭和が終わり、平成になったということです。一九八九年の一月七日に昭和天皇が崩御し、平成という時代が始まりました。つまり、Jポップという言葉は平成と同い年だということです。昭和と平成の分割線が「Jポップ」というキーワードによって区切られているのです。

J-WAVEが作った「Jポップ」という言葉は、『Jポップとは何か』を読む限り、単に「ジャパニーズ(もしくはジャパン)・ポップス」の略称にすぎません。もう一度日本語に戻せば「日本の大衆音楽」ということになります。J-WAVEは、れっきとした日本の放送局でありながら、基本的に洋楽しか流さず、DJは英語を喋っているという特殊なラジオ局です。そこから聞こえてくる日本の音楽は「邦楽」や「歌謡曲」であってはならなかった。そこでこしらえられたのが「Jポップ」です。この命名、言い換えは、それ自体、極めて「日本」的なものだと筆者には思えます。

J-WAVEのDJは英語で喋っていたけれど、むろんリスナーの多くは英語を十全には理解していなかったと思われます。そしてそれはそもそも、洋楽と呼ばれる音楽の日本における受容においても同様でした。日本人の音楽ファンの大半は、英語のポップ・ミュージックをほとんど耳だけでは理解できず、もっぱら歌詞カードで対訳を読むことで、その曲で何が歌われているのかを知っていたのです。この意味でも、歌詞対訳や解説文（ライナーノート）が附された日本盤（国内流通盤）は意味を持っていました（しかし次章でも触れるように、日本盤は九〇年代に隆盛を極めた「輸入盤」によって、その地位を大きく揺るがされることになります）。

日本の音楽市場は、少なくともある一時期、英語をほとんど解さないまま、英語の音楽を大量に受容していたのです。これは世界のポピュラー音楽史上でも極めて特殊な現象だったと言えます。八〇年代半ばから九〇年代半ばくらいまでは、戦後最高の輸入文化の時代です。ニッポンの音楽をＪポップと言い換えるという命名＝変換の回路には、この時代背景が深く関与しています。はっぴいえんども、イエロー・マジック・オーケストラも、音楽的な影響の源泉は日本の「外」にありました。しかしそれが「内」で機能するためには、単に「外」に向かうのとも完全に「外」化してしまうのとも違った、いわば「内」と「外」をクラインの壺《つぼ》のように無限循環させるようなことが必要だったのです。ベクトルとしては、邦楽の洋楽化ではなく、あくまでも洋楽の邦楽化が、日本という「内」に留まったまま「外」を取り入れることが求められた。このプロセスを端的に表しているのが、「Jポップ」という言葉の誕生のメカニズムだったのだと筆者には思えます。

第一章、第二章で述べてきたように、日本のポピュラー・ミュージックの歴史は、さまざまな形で「外」の音楽との関係性の内で育まれてきました。それらの多くは英語で歌われる、横文字の音楽です。国鉄がJRになったり日本たばこ産業がJTになったり農協がJA（九二年以降）になったり、「日本の大衆音楽」が「Jポップ」になったりするのは、要するに横文字化です。「J」という記号は、世界の中の日本、海外から見られた日本、といった国際感覚（のようなもの）を表すと同時に、日本人の生活や文化に「横文字」が急激に入り込んできた戦後のプロセスの、ある種の完成形（?）でもあると筆者には思えます。「J」の誕生時期は、いわゆるバブル景気の真っ只中でした。

バブルは九一年に崩壊しますが、その結果としての、のちに「失われた20年」と呼ばれる長期におよぶ（まだ終わっていない）景気低迷が、もはや誤魔化しの効かないほどにはっきりと顕在化してくるのは、九〇年代後半のことです。「J」とは、もともとは、経済発展と国際化を突き進み、一時は世界ナンバーワンの経済を誇るアメリカを脅かすまでになっていたバブル時代の日本を象徴する一語でした。そしてバブルが弾けてしまうと、それはそのまま、今度は刻々と失われてゆく日本（人）のプライドが暗に込められた語になっていったのではないでしょうか。

今なお続いている「Ｊ回帰」

「Ｊ」は、Ｊリーグ、Ｊポップ以後、より頻繁に使用されるようになっていきました。たとえば「Ｊ文学」というものもありました。一九九七～八年頃にデビューもしくはブレイクした何人かの若手小説家を総称するキーワードとして「文藝」という文芸誌が打ち出したキャッチフレーズで、従来の日本文学とは異なるポップで新しい文学という意味合いが込められていました。一過性のブームとして、あっという間に消費され、忘れ去られてしまいましたが。

「Ｊ文学」という呼称は、マーケット重視の軽薄な言葉だとして当時かなり批判されましたが、そのように蔓延する「Ｊ」に対しては、浅田彰が「ＶＯＩＣＥ」という雑誌の二〇〇〇年三月号に「『Ｊ回帰』のゆくえ」という痛烈な文章を書いています。それは次のように始まります。

２０００年になって振り返ってみると１９９０年代の日本文化を「Ｊ回帰」とい

う言葉で特徴付けられるのではないかと思う。J？　JAPANのJである。

(http://www.kojinkaratani.com/criticalspace/old/special/asada/voice0003.html　二〇一四年十二月八日最終アクセス)

「それは『J－POP』というネーミングから始まった。中身は『洋楽』に対して『邦楽』と呼ばれていたものと大差ない。ただ、『J－POP』というと、いかにもポップな、しかし日本的で身近な感じがする、というわけだ。それに追随したのが『J文学』である」と浅田は続けます。浅田は九〇年代の福田和也《ふくだかずや》、椹木野衣《さわらぎのい》、東浩紀《あずまひろき》といった批評家の仕事を「J批評」と呼びます。フランス文学者だった福田、先端的な海外アートの紹介者だった椹木、ジャック・デリダ論でデビューした東のいずれもが、ある時から日本文化への転回＝回帰を遂げたと、浅田は指摘します。

　そこからは、80年代のポストモダニズムは、日本という条件を忘れた表面的なコスモポリタニズムとして批判されるのである。

繰り返すが、このような日本回帰の対象は、あくまでもサブカルチャーや「おたく文化」の日本なのであって、伝統の日本ではない。その意味で、それは「J回

帰」と呼ぶにふさわしいだろう。　(同)

このような「J回帰」の理由について、浅田は「かなりの程度まで経済的に決定されていると見ていいだろう。(中略)ポストモダン消費社会のコスモポリタニズムは、名実ともにボーダーレスとなった世界資本主義の文化的表現である。現在でもそのような多文化主義(マルチカルチュアリズム)が世界の大勢であるには違いない。だが、とくに日本の場合、80年代の好況から90年代の不況への転換の中で、そうした世界資本主義への反発のほうが前面に出て、『J回帰』につながっていったのである」と分析しています。つまり、外へと開かれてゆくモード(外から開けろと要求されるモード)が加速する中で、それでも上手く開かなかった/開けなかった結果として、日本回帰が起こり、その際に伝統文化と「サブカルチャーや『おたく文化』の日本」との差異化のために「J」という記号が召喚されたのだということです。

しかし筆者は、すでに述べたように、この「J」には、ただ単に「日本」への揺り戻しのベクトルだけではなく、「外」を「内」に包含しようとする、トポロジカルな無意識の欲望のようなものが宿っていると思えます。そこには、海外文化へのコンプレックスと、自国文化へのこだわりが、複雑に入り交じりながら両方とも存在しているのです。

「『J回帰』のゆくえ」は、次のように結ばれています。

90年代に不況の中でグローバル化の波に晒された日本が、文化のレヴェルで自閉しようとする。「J回帰」とはおそらくその徴候にほかならないのだ。それは不況が終わるまで続くのだろうか。それは一体いつのことなのだろうか。

浅田彰の問いへの筆者の答えは、ここでいわれる「J回帰」は、この文章が書かれてから二十数年が過ぎた今もなお続いている。それどころか、日本という国は、文化的な（そして、それだけではない）自閉＝鎖国を、ほぼ完成しつつあるとさえ言えるのではないか、というものです。このことは第四章で詳しく述べることにします。「Jポップ」の誕生は、日本のポピュラー・ミュージック、ニッポンの音楽の歴史＝物語の、大きな転換点です。この言葉の「以前」と「以後」では、表面的にも、より深い部分でも、多くのことが違ってきます。

それでは「Jポップ以後」の物語＝歴史の扉を、ゆっくりと開けることにしましょう。

第二部　「Jポップ」以後

第三章　渋谷系と小室系の物語

1　渋谷系の物語

あくまでも洋楽出自の音楽

九〇年代の「ニッポンの音楽」の立役者は、複数存在しています。そこで、時代を二分割して、九〇年代の前半を「渋谷系」の物語、後半を「小室系」の物語、と名付けようと思います。しかし、この前半後半というのは、厳密なものではありません（九〇年代のど真ん中で明確に前後に分けられるものではないということです）。また、この二者は、九〇年代というディケイドの中で進行していった、ひと繋がりの現象の、表裏というか、きょうだいのようなものだと考えられます。では、まず「渋谷系」の物語からいきましょう。

「渋谷系」と呼ばれる音楽は、現在も、言葉としては生き残っていますが、この時代、つまり九〇年代の半ばくらいまでに人気を博した一群の音楽を指すものとして使われているだけです。そして「渋谷系」の名のもとに活躍した代表的アーティストは、七〇年代のはっぴいえんど、八〇年代のイエロー・マジック・オーケストラと同じく、それそのままの名前と形では、今では存在していません。これから述べていくように、それらは「九〇年代」という時代と、あらゆる意味で深く結びついており、それゆえに、続く「ゼロ年代」、そして現在の「テン年代」には、もはや機能し得ないものだったのです。逆に言えば、「渋谷系」のような音楽が人気を獲得したことが「九〇年代」の特徴のひとつだったと考えられます。

では、渋谷系とは、どのようなタイプの音楽だったのでしょうか。そしてそれは、ネーミングの由来である渋谷という街と、どう結びついていたのでしょうか？

渋谷系とは、まず一言でいえば「リスナー型ミュージシャン」の完成形です。そして彼らが好んで聴き、影響を受けていたのは、もっぱら外の音楽、海外のポップ・ミュージックでした。渋谷系とは、東京の街の名前が冠されているにもかかわらず、あくまでも洋楽出自の音楽であった、ということです。九〇年代は、洋楽出自のニッポンの音楽が存在した最後のディケイドだったとさえ言っていいかもしれません。

つまり渋谷系は、七〇年代にはっぴいえんどとともに始まったプロセスの終焉であったと位置付けることができます。それは、外国で生まれ、外国語で歌われている音楽を、日本で、日本人の音楽家として、カヴァーとかコピーとか、単なる物真似ではない形で、どうしたらやれるのか、すなわち海外の音楽をニッポンの音楽に、どうやったら翻訳＝移植できるのか、という困難な問いに向き合ってきた歴史、その終わりを意味しています。この意味で、渋谷系とは、はっぴいえんどの二十年後の姿だったと筆者は考えています。

CD市場の拡大

のちに渋谷系と呼ばれることになるミュージシャンたちの登場の前提は、何よりもまず輸入音楽の成熟もしくは爛熟《らんじゅく》です。これには幾つかの要因があります。日本における「輸入文化」の歴史は、もちろん本書の始まりよりもはるか昔に遡るわけですが、こと量と種類とスピードという点では、七〇年代頃から加速していったと言えると思います。そしてそれは八〇年代の末には、空前のバブル景気の中、かつてない隆盛を迎えていました。もちろん音楽も、いや、音楽こそが、もっともそれを鮮やかに体現していました。

第二章でも触れておいたように、一九八二年に日本での生産が開始されたＣＤ＝コンパクト・ディスクは、八六年頃には販売数でＬＰを超えて、日本の音楽市場は

CDベースになりました。それでもまだ暫《しばら》くは、有力新譜の多くはLPとCDの両方で出ていましたが、段々とCDのみになっていきます。そして、もともとLPでしか出ていなかった作品が、次々とCDフォーマットで再発され始めます。過去のタイトルは、CDのリリース点数を増やすための鉱脈であり、まずはヒット作や歴史的名作の数々が、次いで知る人ぞ知る、中古盤で高値が付いていたり、音楽ファンが血眼になって探しているようなマニアックな幻の名盤も、その対象になりました。

つまり、CD市場の拡大によって、過去の音楽へのアクセスが、以前とは比較にならないほど容易になったのです。これはもちろん日本だけでなく、世界的な現象であり、いうなればポップ・ミュージックが「過去」と接続された、大きな事件です。そして、その後、インターネットの登場によって、このアクセシビリティは、ほぼ完成されることになります。

CDが浸透していくのと、ほぼパラレルに起こっていた現象が、輸入盤レコード店の勢力拡大です。タワーレコードやCISCOやWAVE（発足当時はディスクポート西武）等といった幾つもの輸入盤ショップ／チェーンは、だいたい八〇年代頭くらいから登場しています。当然、最初はLPがメインでしたが、八〇年代後半には海外の新譜CDを扱うようになります。もともと日本においては、輸入や流通の特殊性もあって、海外アーティストの音楽は、もっぱら日本のレコード会社が原盤権を持つ海外レーベルとライセンス契約を交わすことにより、日本盤（国内流通盤）としてリリースしていました（その際にライナーノートや歌詞対訳が付けられたのは「幕間」で触れた通りです）。しかしこれと並行して、むしろ先んじて、輸入盤店が直輸入したCDを販売するようになります。もちろん対訳などは付いていないわけですが、その分、早くて安い（これはもちろん当時の好景気と円高によるものです）。こうして海外の最新の音楽が、以前よりリーズナブルに、ほぼオンタイムで聴けるようになり、洋楽／音楽ファンにとっては、またとない好環境が訪れました。

当然、新たなリスナーも増えてきます。八〇年代後半から九〇年代前半にかけて、輸入盤レコード店が、一部のマニアだけではなく、広く音楽ファン——特に若い世代——に開かれていきました。これによって、同時代にかんしても、過去にかんしても、大量の洋楽を聴くことが可能になりました。こうして「膨大な音楽を聴いて、それらを踏まえて自分の音楽を作る」ということが可能になったのです。

フリッパーズ・ギター

音楽だけでなく、何かを表現したり、自分の作品を作ろうとする時に、その影響源、発想や動機となるリソースには「方向」があります。まったく誰からも影響を受けず、完全に自分の意識や無意識から内発的にものを作るという人も全然いないわけではないと思いますが、やはり何らかのインプットがあってこそアウトプットをする場合の方が多いでしょう。そして、そのインプットの「方向」には、幾つかあります。

　まず、過去に向かうか、もしくは今現在起きている同時代的な表現／作品を参照するか、という二項があります。それから、本書で繰り返し問題にしてきた、ここかよそか、内か外か、という二項。この二×二、四通りのベクトルがあります。つまり、過去の海外か、過去の国内か、現在の海外か、現在の国内か、ということです。CDの普及と輸入盤レコード店の登場によって、これらすべてのベクトルにおいて、大量の音楽と、それらに伴う情報や知識が流入してくる――つまりインプットが大量になってくる。その結果、膨大なインプットをそれぞれの回路で処理したアウトプットの音楽が生まれてくることになる。これが「渋谷系」です。そして「フリッパーズ・ギター」こそは、まさにこのようなプロセスから現れたグループです。

　フリッパーズ・ギターは、小沢健二《おざわけんじ》（一九六八年〜）と小山田圭吾《おやまだけいご》（一九六九年〜）の二人組になってからが圧倒的に知られていますが、ファースト・アルバムを作った時点では五人組でした。

小沢健二は、東京大学文学部卒業、世界的な指揮者、小澤征爾《おざわせいじ》の甥であり、父親はドイツ文学者の小澤俊夫《としお》です。小山田圭吾は「和田弘《わだひろし》とマヒナスターズ」のリードヴォーカルだった三原《みはら》さと志《し》（本名：小山田晃《あきら》）を父に持ちます。小山田と小沢は中学の同級生でした。最初、小山田が別の友人たちと音楽活動を始め、やがてそれが「ロリポップ・ソニック」というグループに発展します。ロリポップ・ソニックはインディペンデントでカセットのリリースなどをしていますが、正式なデビューには至っていません。ロリポップ・ソニックの音源は現在はインターネット上で探して聴くことが可能ですが、まさにプロト・フリッパーズというべき音楽性であり、実際、この頃のレパートリーを録音し直して、フリッパーズ・ギターとしてのファースト・アルバムが作られることになります。ロリポップ・ソニックがメンバー・チェンジを経て、最後に小沢健二が加入して、フリッパーズ・ギターに改名します。

全曲英語のアルバムでデビュー

フリッパーズ・ギターは、一九八九年の八月末に『three cheers for our side ～海へ行くつもりじゃなかった』というアルバムで、新興レコード会社のポリスターからデビューしました。このアルバムのリリース後、他の三人のメンバーは脱退し、小山田と小沢の二人体制になります（もっとも作詞作曲はファーストの時点で全曲、二人のどちらか、もしくは共作でしたが）。はっぴいえんど、ＹＭＯと同様に、フリッパーズ・ギターもまた、あるディケイドの終わりがけに、次なるディケイドを予告するような形で登場したのでした。

『three cheers for our side～海へ行くつもりじゃなかった』というアルバム・タイトルは、英語に続いて日本語のフレーズが置かれていますが、後者は前者の翻訳ではありません。こういう独特なタイトルの付け方は、フリッパーズ・ギターの多くの曲名に見出すことができます。むしろ英語タイトルと日本語タイトルの意味の異なりと両者の掛け合わせによって、さまざまな深読みを誘おうとしている節もうかがえます。

何と言ってもこのアルバムの最大の特徴は、英語のみで歌われているということです。歌詞は小沢健二が書いています。全曲英語のアルバムでデビューするのは、この時代においては（というか今もですが）、きわめて特殊な、大胆なことでした。このアルバムが出た八〇年代末は、いわゆる「第二次バンドブーム」と呼ばれる時期の最高潮にあたっています。バンドブームを牽引《けんいん》したのは、かつて八〇年代ＹＭＯのラスト・スタジオ・アルバム『サーヴィス』にＳ．Ｅ．Ｔ．を率いて参加した三宅裕司が司会を務める「いかすバンド天国」というテレビ番組――俗に言うイカ天です。イカ天は一九八九年から九〇年に放送されています。この番組から「イカ天キング」として沢山のインディーズ出身バンドがメジャー・デビューを果たしていきます。フリッパーズ・ギターがデビューしたのは、日本でかつてないほど数多くのバンドがデビューしていた時期にあたっています。

イカ天バンドに限らず、当時はたとえばプリンセス プリンセスが人気絶頂であり、またバンド御三家とも呼ばれたユニコーン、ＴＨＥ ＢＬＵＥ ＨＥＡＲＴＳ、ＪＵＮ ＳＫＹ ＷＡＬＫＥＲ（Ｓ）も活躍していました。そして当然ながら、彼ら彼女らは日本語で歌っていました。八〇年代を前半と後半に分けると、前半にはポスト・パンクからニューウェーヴへと展開していった海外の音楽シーンに呼応したバンドやアーティストが目立っていますが、後半になるにつれて、より日本的というか、海外の流行からの影響をあまり感じさせないドメスティックな音楽性を持つバンドが支持を得るようになってきました。

これはＣＤによる音楽市場の拡大と明らかに関連しています。市場が大きくなるということは、それだけ一般化、大衆化するということですから。つまり、洋楽志向のリスナー型音楽と、ドメスティックな音楽は、表裏一体であったということです。そんな中、フリッパーズ・ギターは、全曲英語のアルバムでデビューした。どのような経緯によって、こんな暴挙（？）が可能になったのかはわかりませんが、ある意味では、英語だけで歌うバンドですらメジャー・デビューできてしまった、と言えるのかもしれません。バンドブームという状況とインフラがなければ、このタイミングでフリッパーズ・ギターがデビューすることはなかったかもしれない、ということです。そこに、ある種の「ねじれ」を見ることもできると思います。

洋楽オタクのマニアックな目配せ

ともかく、ファースト・アルバムにおけるフリッパーズ・ギターの音楽は、当時人気を誇っていたバンドブームのバンドたちとは大きく違っていました。英語で歌っているということで、すぐに思い出されるのは、はっぴいえんどの「日本語ロック論争」における内田裕也の主張です。内田はロックはもともと英語の国の音楽なのだから、英語で歌わなければ駄目だ、と言っていました。フリッパーズ・ギターは、要するにそれをやったわけです。そしてそれは言語のレヴェルだけではなく、音楽性そのものからしてそうでした。

デビュー時点のフリッパーズ・ギター、ともにかなりの洋楽マニアであった小山田、小沢の二人が傾倒していた音楽は、イギリスで八〇年代以降に出て来た一連の人気ギター・バンド、日本ではネオ・アコースティック、略してネオアコと呼ばれた人たちです。ギター・ポップ、略してギタポという言い方もありました。アコースティックというように基本的にアコギ主体のシンプルな編成で、爽やかだったり憂いを帯びていたり甘酸っぱかったりするメロディアスな旋律が特徴の、かなりポップな音楽性を持ったバンドです。デュラン・デュラン、フランキー・ゴーズ・トゥ・ハリウッドを中心に、八〇年代半ばには異様なまでに商業主義化、巨大化していた音楽シーンへの反動のような形で現れた流行で、ザ・スミスあたりを皮切りに、少しずつスタイルは異なりますが、続々とニューカマーが登場していきました。代表的なバンドは、アズテック・カメラ、エブリシング・バット・ザ・ガール、オレンジ・ジュース、ペイル・ファウンテンズ、モノクローム・セット、ヘアカット100等がいます。

当時の洋楽ロック・リスナーにとって、フリッパーズ・ギターの『three cheers for our side～海へ行くつもりじゃなかった』は、聴けばすぐさまわかるほどネオアコからの影響が濃厚でした。いや、濃厚というよりも、それは「ネオアコそのもの」であったと言っていいと思います。特にアズテック・カメラからの影響は非常に強く、彼ら自身、略称アズカメへの愛をあちこちで語っていました。

ネオアコへのこだわりは曲名にも表れています。「Goodbye, our Pastels Badges～

さようならパステルズ・バッヂ」は、曲名にザ・パステルズというバンド名が入っていますし、アルバムの後でシングル・リリースされた、やはり英語曲の「Friends Again～フレンズ・アゲイン」もバンド名です。要するにオマージュですが、これは英語で歌うこと同様、メジャー・デビューを果たしたバンドとしては極めてマニアックな行為であり、言い替えればネオアコ・オタク、洋楽オタク的な振る舞いだと言えます。

フリッパーズ・ギターには、音楽性からアティチュードから何から何まで、重度の洋楽オタクである彼らが、同じ洋楽オタクに対して目配せをしているような感があります。ネオアコそのもののサウンドも、歌詞や曲名も、その元ネタがわかる同好の士に向けて差し出しているわけです。しかし当然、彼らと趣味や知識を共有する人たちは、ものすごく多いわけではありませんでした。けれども彼らはそれがやりたかったのだし、何ゆえか、ファースト・アルバムでそれが許された、ということだと思います。

フリッパーズ・ギターがやったのは、海外の音楽を、日本の音楽のフォーマットに何らかの意味で変換＝翻訳することではありません。むしろその逆で、彼らは彼ら自身の音楽を、海外の音楽そのものにしてしまおうとした。だからネオアコ的なサウンドを整えて英語で歌った。しかしかといって、彼らは海外デビューを前提としていたわけでもなければ、少なくとも表立ってはそのような目標を掲げていたわけでもなく、あくまでも日本国内で聴かれる音楽として、洋楽そっくりのファースト・アルバムを世に問うたわけです。これははっぴいえんどともYMOとも、また違った「外」への対し方だと言えます。そしてそれは、彼らが「リスナー的ミュージシャン」の完成形にしてリミットでもあったことの証明でもあります。フリッパーズ・ギターは、いわば邦楽内洋楽をやろうとした。それは『three cheers for our side～海へ行くつもりじゃなかった』がリリースされる一年足らず前にJ－WAVEによって命名されていて、彼らが解散してから急激に日本全国に広がっていった「Jポップ」という言葉に込められた倒錯的な回路を思い起こさせます。

路線転換で一挙にブレイク

こうしてデビューしたフリッパーズ・ギターですが、ファースト・アルバムは一部の音楽雑誌以外ではほとんど注目されることはなく、あまり売れませんでした。一九八九年の時点で、メジャー・デビュー・アルバムを全曲英語で歌っている、ということは、多少話題にはなったとしても、一般的な人気を得るきっかけにはならなかったのです。ごく普通に考えてもわかるように、むしろそれは今後もメジャーでやっていくには、明らかに障害でした。彼らはマニアック過ぎたのです。そして、ここが彼らのクレヴァーだったところだと思いますが、次作で路線を転換します。

ファースト・アルバムから一年も経たない一九九〇年の六月に、前述のように三人のメンバーが脱退し、二人編成になって初めての作品でもあるセカンド・アルバム『カメラ・トーク』がリリースされます。このアルバムは前作から一転して、全曲日本語で歌われています。また、ファーストの純然とネオアコ的な、すなわちアマチュア的でプリミティヴな演奏／録音に較べると、もう少し凝った音作りになっています。収録楽曲はすべて小沢健二と小山田圭吾のプロデュース・チーム名である「Double K.O. Corp.」の作詞作曲編曲プロデュースです。レコーディングはビートルズのプロデューサーだったジョージ・マーティンが所有するロンドンのスタジオ、アソシエイテッド・インディペンデント・レコーディング（ＡＩＲ）で行われ、現地のミュージシャンが演奏に参加しています。その中には、アズテック・カメラのメンバーも居ました。

これは「渋谷系」全般の特徴でもありますが、フリッパーズ・ギターの二人は、楽器プレイヤーとしては、少なくともこの時点では、けっして上手くはありませんでした。もっとはっきり言えば、彼らのプレイヤー的な技量は、バンド・ブームの他の人たちと較べても、かなり劣っていたと思われます。二人には、演奏能力自体は、ほとんどなかった。むしろ彼らは、プレイヤーである以上にコンポーザーであり、それ以上にアレンジャーであり、おそらくはそれ以上にプロデューサーだったのです。それは、YMOの三人とはまったく違っています。従って、二人同様にアマチュア上がりだった初期メンバーが抜けて、アイデアや曲ごとに外からミュージシャンを起用できるようになったことは、フリッパーズ・ギターにとっては良かったことですし、必然的な流れでもありました。

『カメラ・トーク』は、もともと優れていたメロディ・センスが更に磨き上げられ、明るくキャッチーな曲調が増えて、スタジオ・ミュージシャンによって演奏レベルも向上し、何よりも日本語で歌われていたため、前作をはるかに超える好評価を獲得します。アルバムの一曲目に据えられた、フリッパーズ・ギターの最も有名な曲である「Young, alive, in love ～恋とマシンガン」が、テレビドラマの主題歌になったこともあり（シングル・カットもされました）、二人のメディア露出が急激に増え、そのルックスやキャラクターも人気を得て、一挙にブレイクすることになります。そしてこれが、後で述べるように「渋谷系」と呼ばれる現象が起きるきっかけでした。

解散と「セカンド・サマー・オブ・ラブ」

ところがフリッパーズ・ギターは、第一部で語ってきた、はっぴいえんどとＹＭＯが辿ったのとよく似た道を歩み、それどころかもっと短い活動期間で終わりを迎えます。『カメラ・トーク』の約一年後、一九九一年七月に『DOCTOR HEAD'S WORLD TOWER〜ヘッド博士の世界塔』というサード・アルバムを発表し、この作品をもって解散してしまいます。レコード・デビューから二年ほどしか経っていませんでした。解散の理由にかんしてはさまざまな噂が飛び交いましたし、現在に至るもよくわかりませんが、彼らはサード・アルバムのリリース直後に突然、解散宣言をして、予定されていたツアーもキャンセルして、そのまま分解してしまったのです。

このサード・アルバムは、セカンドから一年しか過ぎていないにもかかわらず、更なる音楽的飛躍を遂げています。セカンド・アルバム同様、セルフ・プロデュースで、楽曲面、演奏面はもちろん、レコーディングにおいても、非常に斬新な仕上がりとなっています。フリッパーズ・ギターの残した三枚のアルバムを並べてみると、核になっている要素――小山田圭吾のキャッチーなメロディ・センスとサウンドへのこだわり、小沢健二の文学的な世界観や独特な言語感覚――は変わらぬまま、音楽的な試みはすごい勢いで変化、進化しています。ファースト・アルバムはネオアコそのもの、セカンド・アルバムはその日本／語での発展形としてのギター・ポップ、そしてサード・アルバムには、当時、海の向こうの音楽シーンで巻き起こっていたブームがダイレクトに反映されています。それは「セカンド・サマー・オブ・ラブ」です。

第一章でも触れたように、最初の「サマー・オブ・ラブ」は、六〇年代末にアメリカ西海岸を中心に起こった、ヒッピーイズムを背景とする若者たちによる一大ムーヴメントを指します。それから二十年後の八〇年代末に、イギリスの音楽メディアが、当時出て来た新しいタイプのミュージシャンたちの勃興《ぼっこう》を、かつてアメリカで旋風を巻き起こした文化的現象になぞらえて「二度目のサマー・オブ・ラブ」と呼んだのです。

その舞台となったのは、主にレイヴ・パーティです。レイヴとは、リゾート地や野外などに特設した巨大会場で、オールナイト、時には数日間続けて行われるＤＪイヴェントのことです。八〇年代後半には、ネオアコなどギター・ポップの流れと並行して、かつてのディスコ・ミュージックとは一線を画した、テクノやアシッド・ハウス等といった、よりフィジカルに踊らせることに特化したダンス・ミュージックが登場し、それらを専門にプレイするＤＪが人気を集めていました。

レイヴは社会問題化するほど、若い世代の間でブームとなり、二十年前と同じく、そこではドラッグ問題が生じたりもしました。エクスタシー等のアシッド／ドラッグをキメながら、最先端のダンス音楽で朝まで踊り狂う、この熱気は、ロックの世界にも飛び火することになります。こうして、レイヴ・パーティでＤＪが掛けたり、あるいは実際にライヴをすることができるような、ダンサブルなロックを志向するバンドが現れてきます。

変化の速度

「セカンド・サマー・オブ・ラブ」からは、幾つもの人気バンドが登場しました。ハッピー・マンデーズやインスパイラル・カーペッツ、ザ・ストーン・ローゼズ、プライマル・スクリーム、特に後の二つは極めて重要です。彼らは、それぞれのアプローチで、ロックとダンスの融合に挑戦していました。彼らの多くがマンチェスター出身だったことから、こうした傾向はマンチェスター・サウンド＝マンチェ、あるいは「マッド＝狂気」に引っ掛けて「マッドチェスター」などと呼ばれていました。そしてフリッパーズ・ギターが、結果的にラスト・アルバムとなった『DOCTOR HEAD'S WORLD TOWER 〜ヘッド博士の世界塔』で向かったのは、このセカンド・サマー・オブ・ラブのスタイルだったのです。とりわけプライマル・スクリーム（彼らはマンチェスターではなく、スコットランドのグラスゴー出身です）とザ・ストーン・ローゼズからの影響は、ファーストにおけるアズテック・カメラからの影響にも比すべき濃厚さです。彼らはこのアルバムで、前作までは目立っていなかったサンプリングやドラム・マシンなどを駆使して、ダンサブルな要素を効果的に導入しています。しかしいかにも彼らしいのは、ダンス・ミュージックをダイレクトに自分たちの音楽に取り入れるのではなく、それらを取り入れたバンドにインスパイアされていたということです。

ここで見ておきたいのは、フリッパーズ・ギターがイギリスの音楽の影響で自らの音楽を変化させてゆく、そのタイム・スケールと速度です。たとえばアズテック・カメラのファースト・アルバム『High Land, Hard Rain』は一九八三年のリリースです。その後、フリッパーズ・ギターが八九年に『three cheers for our side ～海へ行くつもりじゃなかった』をリリースするまでに、二枚のアルバムを発表しています（ちなみに九三年の五作目のアルバム『ドリーム・ランド』は坂本龍一がプロデュースしています）。フリッパーズ・ギターがもっとも影響されているのはファースト・アルバムだと思われるので、リリース当時に聴いていたとしたら、それなりの年月の開きがあると言えます。アズカメに限らず、ネオアコは八〇年代半ば頃がブームの最高潮でした。デビュー作は、前身バンドのロリポップ・ソニックでもやっていた曲がメインですから、この点は頷《うなず》けます。また、最初の作品に長年熟成されたネオアコ愛が注ぎ込まれるのは当然とも言えます。そして出世作『カメラ・トーク』によって自分たちの好きなことができる環境や条件を手にした二人は、今度はリアルタイムで起こっていたセカンド・サマー・オブ・ラブへのシンクロを試みたのでした。

ザ・ストーン・ローゼズのファースト・アルバムは八九年五月リリース、ハッピー・マンデーズの『Pills'n' Thrills and Bellyaches』は九〇年末、そしてプライマル・スクリームがダンス・ミュージックに急接近したシングル「ローデッド」(八九年発表のアルバム『プライマル・スクリーム』収録の「アイム・ルージング・モア・ザン・アイル・エヴァー・ハヴ」をアンドリュー・ウェザオールがリミックスしたもの)は九〇年三月のリリースで、続く二枚のシングル「カム・トゥゲザー」「ハイヤー・ザン・ザ・サン」は『DOCTOR HEAD'S WORLD TOWER～ヘッド博士の世界塔』に圧倒的な影響を与えていますが、これらの曲を含むアルバム『スクリーマデリカ』がリリースされるのは一九九一年の九月、フリッパーズ・ギターの解散後のことです。小山田、小沢の二人は、海の向こうの音楽的流行に、ほとんど即時的に反応して、自分たちのサウンドを成長させていったのです。

「キャラクターで売れてくる国」

フリッパーズ・ギターの活動期間は短いものでしたが、発表したアルバムにはそれぞれ強烈な個性があり、どれも傑作と呼べる作品に仕上がっています。また、今まで触れてきたように、その変化と進化の速さには驚くべきものがあります。これほど僅かな間に過激なヴァージョン・アップを遂げた存在は、日本のポップ・ミュージック史上でも随一かもしれません。そしてあらためて述べておくなら、彼らの音楽性はおそろしくマニアックな、洋楽オタク的なものであり、彼ら自身、そのことをまったく隠そうとはしておらず、それどころか多くの機会にそのオタクぶりを披露していました。

しかし、実際に彼らが全国規模の人気者になったのは、もちろんそのマニアぶりによるのではなく、二人のルックスやファッション、あるいはトリックスター的な言動によるところが大であったのです。これは疑いを入れない事実です。彼らのマニアックな目配せは、もちろんわかる人にはわかったわけですが、わからない人にはわからず、関係がなかった。それでもフリッパーズ・ギターの人気は爆発した。むしろ彼らの人気のせいで、彼らが好んで紹介する海外の音楽に興味を持つファンたちが出て来たのです。もちろん、自分の好きなミュージシャンが好きなミュージシャンを好きになる、ということはいつの時代にもあることですが、ここにはやはり、一種の虚しさのようなものがぽっかりと浮かんでいるように思えてきます。

ここで思い出されるのは、もちろん、YMOの細野晴臣が言っていた「キャラクターで売れてくる国」という話です。解散時点での小山田圭吾と小沢健二は、ほとんどアイドルと呼んでもいいような存在になっていました。二人が音楽性とは別の次元で魅力的な「キャラクター」を持っていなかったら、おそらくあれほど売れることはなかっただろうし、渋谷系と呼ばれることになるジャンルも、生まれていなかっただろうと思えるのです。

なぜ渋谷なのか

では、あらためて、渋谷系とは何なのでしょうか。

フリッパーズ・ギター解散後、小山田圭吾、小沢健二ともにソロになったわけですが、一九九二年はどちらもリリースはありません。二人がそれぞれソロ・デビューするのは、九三年に入ってからのことです。いささか奇妙な暗合だと思えるのは、十年前のYMOも、まだ活動はしていましたが、バンドとしてのリリースを八二年にはまったくしておらず、更に十年前のはっぴいえんども、七二年にはアルバムが出ていないのです。七二年、八二年、九二年、もちろんただの偶然なのですが。

二〇一四年に刊行された若杉実《わかすぎみのる》のその名も『渋谷系』という本は、渋谷という街の音楽史を、渋谷系という言葉が生まれた九〇年代よりもずっと以前から辿り直してみせた好著ですが、そこにこの言葉のルーツを探る部分があります。結論としては、その発祥はよくわからないのですが、小山田圭吾がコーネリアス名義での最初のリリース、シングル「THE SUN IS MY ENEMY ～太陽は僕の敵」をリリースしてソロ・デビューを飾った一九九三年九月には、渋谷系というキーワードはすでにどこからか生まれて人の口にのぼるようになっていたようです。

『渋谷系』には、小山田圭吾自身が、当時渋谷のレコード店ZESTの店員だった仲真史《なかまさし》に、プロモーションの際に雑誌編集者から聞いたこととして「これからは〝渋谷系〟というのがくるらしい」と話す場面が出てきます。渋谷系って何?と問い返した仲に、小山田はこう答えたといいます。

HMVで売ってるのとか渋谷のこのへんで遊んでるひとが聴いているモノをそう

呼ぶみたい。たとえばオレとか、あのヘンのとか、ああカジ（ヒデキ）くんとかもだね。

（若杉実『渋谷系』）

フリッパーズ・ギターは渋谷で結成されたわけでも、主な活動場所が渋谷だったわけでもありません。渋谷系のもうひとつの焦点となるバンド、後で出てくるピチカート・ファイヴも同様です。では、なぜ渋谷なのか。それは、ほぼ例外なくリスナー型ミュージシャン＝音楽マニアだった彼らが新旧さまざまな音源を買い漁っていたのが、もっぱら渋谷の宇田川町界隈に密集していた沢山の小規模な輸入レコード店であり、そして彼ら自身のリリースを日本で一番推していたのが、渋谷のＨＭＶという大型レコード・ショップだったからです。

ＨＭＶはタワーレコードと同じく外資系のレコード店チェーンで、その日本第一号店は一九九〇年十一月に渋谷にオープンしました。ＨＭＶは新興だったので、他の大型店との差異化という意味もあり、普通のメジャーなバンドとは違った新しいミュージシャンの音楽を押し出そうとしました。それがコーネリアスであり、小沢健二であり、ピチカート・ファイヴであり、あるいはカジヒデキ（一九六七年〜）などであったわけです。こうして渋谷系という言葉がどこからともなく生まれ、やがてメディアに頻繁に取り上げられるようになって、いつのまにか全国区になっていたというわけです。

九〇年代の渋谷は「音楽の街」、「レコード店の街」、いや「音源の街」でした。そこに行けば、音楽の最新流行に出会い、聴き、買い求めることができた。八〇年代から巻き起こってきたダンス・ミュージックの潮流は、九〇年代には、ハウスやテクノ、アシッド・ジャズ、ヒップホップ等々、ジャンルごとに独自の発展を遂げており、やはり八〇年代初期のポスト・パンク期から出て来たＤＪミックスに適した12インチ盤シングルが、世界各国のレーベルから続々とリリースされるようになっていきました。渋谷には大型店、中古盤店以外に、海の向こうで出たばかりの12インチ盤が入荷されるダンス・ミュージックの専門店もたくさんありました。

これらの種々雑多な「音源」を扱うショップが山程ひしめきあっていたのが当時の渋谷という街であり、新しい音に敏感なリスナー、リスナーから転じたミュージシャンやＤＪたちは、毎日のように渋谷に集まって来ては、情報を仕入れ、音盤をチェックし、同じ趣味の友人たちと交流することができた。そこからは、ただ聴くだけの側から自ら音楽を奏でる側に、音盤を回す側になる者も出てくるし、自分の店やスペースを構える者や、自主レーベルを興そうとする者も現れる。渋谷系とは、このようなマニアックな音楽愛好家の、けっして規模は大きくはないが濃密なネットワークを、外側から名指したものだったと考えることができると思います。日本の東京の渋谷という場所に、ある時間を掛けて形成された、音楽ファンにとってのユートピア。そこでは、ありとあらゆる「最新の／知られざる／趣味の良い」音が渦巻いていました。フリッパーズ・ギターの二人も、この渦から登場したのです。渋谷系という言葉があちこちで囁かれ始めたとき、すでに二人は袂《たもと》を分かっていましたが、フリッパーズ・ギターこそは、その極めて趣味的な音楽性といい、音楽マニア的な言動といい、渋谷系の定義そのもののような存在でした。

奇跡的な組み合わせ

渋谷系のもうひとつの重要なポイントは、それがメディアによって若者文化のトレンドとして、オシャレなものとして喧伝《けんでん》されていったということです。ここにはもちろん、フリッパーズ・ギターや、その周囲の人々のルックスやセンスの良さが寄与しています。

彼らは雑誌などで、音楽以外のオススメのアイテムも紹介するようになっていました。また、彼らが信奉する海外ミュージシャンの服装に影響されたファッションも評判となり、ふと気づけば、若杉実『渋谷系』をふたたび引用すると、渋谷のレコード店には「アタマにベレー帽をちょこんと乗せ、白地のカットソーにボーダー柄を走らせた女の子」たちが詰めかけるようになっていたのです。そしてこの現象が、またメディアによって広められてゆく。こうして渋谷系というキーワードは、ある意味で音楽を超えた意味合いと強度を獲得し、それがまた、そう名指された音楽／家たちにフィードバックされてゆくことになったわけです。

ひとつ興味深いのは、フリッパーズ・ギターを解散した後、小山田圭吾も小沢健二も新しいバンドを組むことはなかった、という事実です。二人ともソロになり、その後もメンバーを固定したグループ等は組んでいません。これは、すでにフリッパーズ・ギターも「バンド」ではなかったということだと思います。それは「ユニット」だったのです。これはピチカート・ファイヴにも、あるいは渋谷系にカテゴライズされた他のグループにも、ほぼ例外なく言えることです。渋谷系とは、この意味においても、まさに当時のバンドブームに対する反動であり、挑戦だったのです。

フリッパーズ・ギターは最終的には二人組であったわけですが、それは奇跡的ともいうべきバランスとケミストリーを持った組み合わせであり、この二人だったからこそ歴史に残る存在になったのだと思います。彼らが実際に、どのように共同作業をしていたのか、どんな風に制作を分担していたのか、詳しいことはわかりませんが、筆者の認識では、大きく言って、小沢健二が言葉の要素を主に担い、小山田圭吾が音の要素を主に担う、という感じだったのではないかと思います。それが、ソロに転じて以降の二人の活動にも、かなり鮮明に反映されています。

サウンド重視のコーネリアス

すでに述べたように、小山田圭吾はフリッパーズ・ギター解散後、ソロ名義として「CORNELIUS（コーネリアス）」というアーティスト・ネームを名乗りました。これは映画『猿の惑星』の登場人物から採られています。一九九二年には所属レコード会社のポリスター内に自身のレーベル「トラットリア（Trattoria Records）」を設立していますが自身のリリースはなく、デビュー・シングルは九三年の「太陽は僕の敵」。初のフル・アルバムは更に翌年まで待たなければなりません。二年足らずの間に矢継ぎ早に三枚のアルバムを出したフリッパーズ・ギターと較べると、九〇年代には華々しく活動していた印象があるコーネリアスは、実際にはフリッパーズ・ギター時代と同じ数のアルバムしかリリースしていません。

コーネリアスは、一九九四年にファースト・アルバム『THE FIRST QUESTION

AWARD』を、九五年に『69／96』、九七年に『FANTASMA』を発表しています。この三作は、それぞれコンセプチュアルに作られていますが、手法／スタイルとしては『DOCTOR HEAD'S WORLD TOWER〜ヘッド博士の世界塔』の延長線上にあると言えると思います。つまり、その時々の海外の音楽シーンの流行や、日本における洋楽の先端受容の変遷《へんせん》と、ほぼパラレルな音作りになっています。そういった意味でコーネリアス＝小山田圭吾の音楽は、少なくとも九〇年代までは、フリッパーズ・ギターが切り拓いた「渋谷系」的なベクトルの中で展開していきました。

『FANTASMA』の後、コーネリアスとしてのリリースにはかなり長いブランクがありますが、活動自体はアクティヴで、アメリカのマタドール・レコードと契約し、マタドールを通して世界各国でアルバムが発売され、海外ツアーも頻繁に行ってゆくことになります。しかしアルバムとしては、次作に当たる『POINT』の発表は二〇〇一年で、すでに九〇年代は終わっていました。その後、二〇〇六年にコーネリアスとして通算五枚目のアルバム『SENSUOUS』がリリースされましたが、それ以降は、コンピレーションや企画盤、サウンドトラック等はあるものの、オリジナル・アルバムは出ていません。

シングル「STAR FRUITS SURF RIDER」を含み、ヴァラエティに富んだ音楽性と遊び心溢れるギミックに彩られた『FANTASMA』と、世紀を跨《また》いで発表された『POINT』では、音楽性が激変しています。コーネリアスの九〇年代のリリースは、その狙いは作品ごとに違っていても、基本的に非常に音数の多い、ゴージャスなサウンドになっていました。しかし『POINT』の収録楽曲は、徹底してミニマルな、ほとんど静謐《せいひつ》とさえ言えるほどの、声と音の点描のような音楽になっています。また、以前の性急さやテンションの高さに対して、全体的に穏やかで落ち着いたトーンが支配しており、大人になったという印象を受けます（ちょうどこの頃に父親になったことも無関係ではないと思います）。もちろん小山田圭吾のことですから、この変化は九〇年代末あたりから起こっていた「音響系」「音響派」などとも呼ばれた電子音楽のニュートレンドにシンクロしていたのですが。それから五年経った『SENSUOUS』も、ほぼ『POINT』と同路線のサウンドになっています。

このように、九〇年代とゼロ年代以後のコーネリアスは、その音楽から受ける印象が、かなり変わっているのですが、変わらないのは、何よりサウンド重視で、その代わり、意味性が非常に希薄だという点です。もちろん歌詞はあるわけですが、そこには自分語りとか、いわゆるメッセージ的な要素がほぼまったく感じられず（あるように思えたとしてもギミックであったりして）、特に『POINT』からは単語の羅列のようになっていきます。もちろん、そこから何らかの意味を抽出することはできますが、それは音と一体化した音としての声が醸し出すアトモスフィアの域に留まっており、何かを述べている、という段階には敢えて行かずに浮遊しているように思えます。

おそらく小山田圭吾という人は、音楽を通じて何かを言いたいのではなく、ただ「音楽がしたい」だけなのだと思います。そして彼には音楽ができた。ある意味では音＝楽しかできないと言ってもいいかもしれません。これは小沢健二とはまったく対照的です。小沢は音楽で「言いたいこと」がある人だからです。

「王子様」キャラクターで大ヒット

小沢健二は、フリッパーズ・ギター解散後、どうしたのでしょうか。

小沢も小山田と同じく、やはり一年置いた一九九三年の七月に「天気読み」という先行シングルを、コーネリアスの「太陽は僕の敵」にやや遅れた九月末にファースト・ソロ・アルバム『犬は吠えるがキャラバンは進む』をリリースします。このアルバムは、コーネリアスの『THE FIRST QUESTION AWARD』とは対照的な作品になっています。小山田圭吾がフリッパーズ・ギターでやっていたことをそのまま進化させていこうとしたのに対し、小沢はソロ・アーティストとしての自分を新たに産み落とそうとしているかに思えるのです。つまり、どこかプリミティヴな、初々しい音楽になっていたのでした。筆者は「天気読み」を最初に聴いたとき、その淡々とした憂いを帯びた音楽性を、非常に新鮮に思えた記憶があります。小沢健二という人は、フリッパーズ・ギターとは明らかに違うことをしようとしている、違う自分を見せようとしている、そう思えたのです。

小沢健二の最初のシングル、アルバムは、音楽雑誌などでは高い評価を得ましたが、スターダムを駆け上がりつつあった途中で突然姿を消したフリッパーズ・ギターの物語の続きを期待する層には、いささか地味に映ったのではないかと思われます。それはもっぱらコーネリアスが担っていったわけですが、ところが小沢健二は、その翌年の九四年に『LIFE』というセカンド・アルバムで、フリッパーズ・ギター時代をはるかに上回るヒットを飛ばすことになります。この頃には小沢健二は、テレビの歌番組に頻繁に登場するようになっていました。それ以前から、フリッパーズ・ギター人気の流れで、雑誌やラジオでは活躍していましたが、アイドルやロック・バンドと並んで歌番組に出演し、飄々《ひょうひょう》とした振る舞いと軽快なトークを披露して、東大出のお坊ちゃん、いわゆる「王子様」というキャラクターを、あっという間にお茶の間に浸透させます。こうした効果もあって『LIFE』は売れに売れました。

もうひとつの前提は、『LIFE』にも収録されることになる、小沢健二とヒップホップ・ユニット、スチャダラパーのコラボレーション曲「今夜はブギー・バック」の大ヒットです。このシングルは小沢とスチャダラパーが共作し、『LIFE』発売の半年前に、それぞれを主体とするヴァージョン違いでリリースされました。小沢のヴァージョンである「今夜はブギー・バック（nice vocal）」は、五十万枚を越えるセールスを記録しています。また『LIFE』リリース前には「愛し愛されて生きるのさ」「東京恋愛専科・または恋は言ってみりゃボディー・ブロー」の二曲がカップリング・シングルとして先行リリースされ（このプロモーションでテレビ出演が激増します）、こちらもチャート・アクションとしては「ブギー・バック」以上にヒットしています。初々しくも渋いデビュー作『犬は吠えるがキャラバンは進む』から一転して、小沢健二は何よりも売れることに専念したアルバムへと向かい、そして実際、それは大いに売れたのです。

『LIFE』というアルバムは、曲想や音作りにはソウルやモータウン・サウンド等からの多彩な引用や参照が含まれていて、極めて「渋谷系」的なサウンドだと言えますが、そのようなマニアックさは表面的には押し出されてはおらず、あくまでもポップで「ラブリー」（曲名でもあります）なラブソングの体裁を整えています。そんな曲を、妙に体をクネクネさせる独特なボディ・アクション混じりに、テレビで軽やかに歌う小沢健二は、まさに「王子様」然としており、筆者は当時、これは果たして本気なのかと訝った覚えがあります。フリッパーズ・ギターのこだわり抜いた音楽性や、「天気読み」や『犬は吠えるがキャラバンは進む』での初心に立ち戻るかのような真摯な姿勢からの露骨な路線修正に、ほとんど反撥のようなものさえ感じていたかもしれません。しかし、その後の小沢健二の歩みを考え合わせると、あれは全て一種の演技だったのではないか、という気がするようになりました。

謎の沈黙と神秘化

大ブレイク後、一九九五年、九六年は『LIFE』からのシングル・カットが続き、相変らずテレビ出演もこなしていますが、アルバム・リリースは暫し途絶えます。サード・アルバムに当たる『球体の奏でる音楽』が出たのは、九六年十月のことです。この作品は三十分にも満たない、実際にはミニ・アルバムと言っていいものですが、またもや音楽性が激変しており、ベテランのジャズ・プレイヤーであるピアニストの渋谷毅《しぶやたけし》、ベーシスト川端民生《かわばたたみお》をバックに迎えた、アコースティックなジャズ・サウンドになっています。『ＬＩＦＥ』とのあまりの違いに驚愕したファンも多かったに違いありません。そして当然のごとく、この作品はあまり売れませんでした。このあと、更に一年以上が経過した九八年一月にシングル「春にして君を想う」がリリースされますが、これも渋谷毅のアレンジによるミディアム・テンポのジャズ調の曲です。この曲でもテレビに出演したりはしますが、『球体の奏でる音楽』同様、やはり売れませんでした。

これ以後、小沢健二はニューヨークに拠点を移し、それと共に露出が激変、いや消滅します。それはまさに消滅と言ってよいもので、かつての王子様ぶりはどこへやら、テレビどころかあらゆるメディアに出なくなり、雑誌の連載なども終了、リリースもライヴも何ひとつ行われない、どこでどうしているかもわからない状態が数年続き、ほとんど引退状態に陥ってしまいます。

小沢健二がふたたび彼の音楽を世に問うたのは、現在に至るもＣＤの形でリリースされたラスト・シングルである「春にして君を想う」から数えても丸四年以上、前作のアルバム『球体の奏でる音楽』からだと五年数ヶ月経過した二〇〇二年二月、全篇アメリカのスタジオで、現地ミュージシャンをフィーチャーして録音されたアルバム『Ｅｃｌｅｃｔｉｃ』によってでした。この作品のサウンドは『球体の奏でる音楽』

からまた変わり、非常に洗練されたＡＯＲ、フュージョン的なものになっています。『ＬＩＦＥ』の頃からすると、完全に別人になってしまった印象です。そしてこのアルバムにかんしては、ほとんどプロモーション活動は行われず、ライヴもやらなかったため、小沢健二が表舞台に姿を現すことはありませんでした。謎の沈黙は守り続けられたのです。

『Ｅｃｌｅｃｔｉｃ』の翌年、小沢健二の初のベスト盤がリリースされるという情報が流れました。しかし、実際に発表されたのは、アルバム未収録のシングルやB面曲から構成されたコンピレーションで、しかもタイトルは『刹那』と名付けられていました。なぜ刹那なのか、筆者もこの意味ありげなネーミングに強い興味を抱いたのですが、答えが得られることはありませんでした。このアルバムについては、前作以上に露出は一切なく、プレスリリースなどにも、小沢本人によるステイトメントは何ひとつなかったからです。リスナーのもとには、ただリマスタリングされた過去音源と、刹那という単語だけが届けられたのです。

筆者は、小沢健二のこうしたあまりにも謎めいたところが気になって、この頃、幾つかの文章を書いてみました（『ソフトアンドハード』所収の「META POP RGB」など）。しかし考えて考えても、やはりよくわかりませんでした。わからない最大の原因は、もちろん小沢健二が一切喋らないからです。それどころか、ごく最近までは写真一枚撮られることなく、生死さえ定かでない時期さえあった。『LIFE』の時にはあれほどテレビで元気に喋りまくっていたのに、いったい彼に何が起こったのか……。そして毎回、唐突に新たなリリースがあるごとに、更に謎は深まっていく。前作との違いがあまりに大き過ぎて、何らかの連続性や変化の理由を求めようにも、本人からの発信はまったくなし、そしてそのせいで、余計にわからなくなってゆく。

九〇年代には、バンドブームや渋谷系ブームのせいもあり、「ロッキング・オン・ジャパン」の「二万字インタビュー」のような、アーティストにかなり長い時間喋らせる企画が増えてきて、その音楽性のみならず、人となりであるとかライフスタイルであるとか、つまりはキャラクターを掘り下げることが顕揚《けんよう》され、ゼロ年代になるとそれは完全に常態化するわけですが、小沢健二にかんしては、そうした流れと反比例するかのように、九〇年代後半から急速に沈黙の人になっていったのです。そしてそれはもちろん、一種の神秘化でもありました。

アクティヴィストとして姿を現す

二〇〇六年には、またもや突然『毎日の環境学：Ecology Of Everyday Life』というアルバムが発表されます。驚いたことに、これはタイトルが示すように、全曲打ち込み主体のインストゥルメンタルによる環境音楽の作品でした。これに先立つ二〇〇五年の秋より、彼は父親の小澤俊夫が発行と責任編集を手掛ける『子どもと昔話』という児童文学の研究雑誌に『うさぎ！』という題名の創作童話を連載し始めますが、このアルバムには、その第二話の一部が抜粋掲載されています。

おそろしい仕組みをつくって人びとをいじめていた者たちと、「仕方がないよ、そういう仕組みなんだから」と従いつづけていた者たちは、ある日、とつぜん街の中が騒がしくなったと思うと、次の日には、かならずパンツ一丁で逃げまどうことになるのでした。

灰色は、その歴史を、なるべく人びとに見せないようにしていました。

それは、あまりにも大きな、楽しさとか、喜びとか、希望とか、優しさとか、おもしろさを、人びとに与えてしまうからでした。

（『毎日の環境学：Ecology Of Everyday Life』／『うさぎ！』）

これだけだとやや意味が取りづらいですが、元の『うさぎ！』を読んでみれば、小沢健二が、児童向け読物の形式を借りて、一言でいうなら痛烈な資本主義批判を始めようとしていることが、はっきりとわかります。また、アルバム・タイトルに「エコロジー」の語が据えられていることからも、このアルバムの牧歌的でクリーンな音楽性に、環境保護的な意識が込められているのは明白です。

そしてこの『毎日の環境学』のリリース後、彼はニューヨークで知り合った現在の妻エリザベス・コールとともに、アンチ・グローバリゼーションをテーマとする一種のレクチャー・コンサートを、プライベートで一時帰国しては日本のあちこちで行うようになります。それは「『おばさんたちが案内する未来の世界』を見る集い」という奇妙な名称の催しで、小沢とコールの二人が、主題的には『うさぎ！』の映像ヴァージョンというべき、人形劇とドキュメンタリーのミックスから成る『おばさんたちが案内する未来の世界』を映写しながら、演奏やレクチャーをして、上映後に観客とディスカッションをするというもので、最初はほぼ口コミ的なネットワークだけを使って、小規模に散発的に行われていたようですが、だんだんと小沢の昔からの知人友人たちや、ジャーナリストや音楽関係者なども参加するようになり、当然のごとく情報がネットにも漏れ出して、小沢健二の現在の姿を一目見ようと、かつてのファンたちも詰めかけるようになります。

またもや地下（？）に潜ってしまうのではと思いきや、そうはならず、むしろ正反対に、二〇一〇年初頭、十数年ぶりとなる小沢健二の日本国内コンサート・ツアー「ひふみよ」が開催されることがアナウンスされます。そしてそのツアー開始前の同年五月九日には、盟友スチャダラパーのデビュー二十周年記念イベントにゲスト出演し、今やアンセムとなった「今夜はブギー・バック」を歌い上げて聴衆を沸かせました。

「ひふみよ」は予定通り行われ、ライヴ音源の新曲「シッカショ節」の投げ銭制によるダウンロード販売も行われます。この曲はなんと音頭で、ダウンロードサイトでは踊り方まで説明されていました。シッカショという耳慣れぬ言葉の意味は不明ですが、ファンの一部では青森県の六ヶ所村を暗示しているのではないかという説もあり、筆者も実はそう思っているのですが、真実はわからないままです。ちなみに「シッカショ節」の歌詞は、深読みすれば切りがありませんが、少なくとも字面の上では、直截的に政治的な意味合いは無いように思えます。

こうして小沢健二は、以前とはまったく異なったキャラクターで、ふたたび姿を現しました。いわば王子様からアクティヴィストへ。「ひふみよ」の約二年後の二〇一二年春には、東京オペラシティコンサートホールで、全十二回のコンサート「東京の街が奏でる」も行われました。これに先立って「ひふみよ」ツアーのライヴ音源を三枚のCDに収め、それ以外に『うさぎ!』と、雑誌「オリーブ」に一九九四年から九七年（つまり「王子様時代」です）まで連載されていた未単行本化のコラム「ドゥワッチャライク」からそれぞれ抜粋された本、その他さまざまなグッズが同梱された豪華ボックスセット『我ら、時』が限定版で発売されています（CDのみ二〇一四年に通常盤として再発売）。『我ら、時』の発行元はPARCO出版であり、同時期には渋谷のパルコミュージアムで同名の展覧会も催されました。そう、小沢健二は、渋谷の街に還《かえ》ってきたのです。

本書執筆時点での小沢健二の最新の話題は、何と言っても二〇一四年三月二十日、超長寿番組としてのフィナーレを迎えていたフジテレビ『笑っていいとも!』の名物コーナー「テレフォンショッキング」に、実に十六年ぶりに出演したことでしょう。小沢健二は司会のタモリと屈託なく話し、ギターの弾き語りで「僕らが旅に出る理由」「さよならなんて云えないよ」「それはちょっと」「ドアをノックするのは誰だ?」を披露しました。その歌声は、とても自由で自然な感じがするものでした。

フリッパーズ・ギターだった二人、小山田圭吾と小沢健二は、そもそもの性格や気質も違っていて、解散後の歩みもまったく異なります。けれども共通しているところもあります。それは、二人とも発想や行動の仕方が極めてコンセプチュアルであるということです。次はこういうことをやる、そのためにはどうすればいいのか、もっとも効果的かつ面白いやり方は何か、彼らは何につけ、こんな風に考え、考え抜き、そしてそのように実行する。アイデアの実現とコンセプトの遂行。このような態度自体、とかく野放図で放縦な振る舞いを理想に掲げがちなロックバンドや多くのミュージシャンとは一線を画しています。Double K.O. Corp. ＝小山田圭吾と小沢健二がフリッパーズ・ギターをプロデュースしていたように、小山田圭吾はコーネリアスを、小沢健二はオザケンを、ある意味ではまるで自分のことではないかのように客観的に眺めながらプロデュースしてきたのです。そしてこのような姿勢は、渋谷系のもう一組、ピチカート・ファイヴにもはっきりと言えることです。

ピチカート・ファイヴ

ピチカート・ファイヴは、小西康陽《こにしやすはる》（一九五九年〜）をリーダーとするユニットです。小西は小山田圭吾より十歳上、同じ渋谷系と言いながらも、世代的には一回り離れています。事実、渋谷系の代表として大人気となるよりもはるか以前から、ピチカート・ファイヴは存在していました。

結成は一九八四年、ちょうどＹＭＯが「散開」した頃です。最初は、小西康陽、高《たか》浪慶太郎《なみけいたろう》（一九六〇年〜）、鴨宮諒《かもみやりょう》（一九六二年〜）、佐々木麻美子《ささきまみこ》の四人組でした。本当はもう一人メンバーが入るはずで、だから「ピチカート・ファイヴ」だったのですが、結局五人目は加入しないまま活動を始めます。レコード・デビューは一九八五年の八月、12インチ盤シングル「オードリィ・ヘプバーン・コンプレックス」です。

前にも述べたように12インチ盤シングルは八〇年代初期から欧米の音楽シーンで出て来たリリース・フォーマットですが、日本でも新しいもの好きの音楽家たちが、八〇年代半ばに折りに触れてこの形式でリリースするようになっていて、これはその先駆けと言えます。この作品のプロデューサーは他でもない細野晴臣で、リリース元もＹＭＯの散開直後に細野がテイチク内に設立した新レーベル「ノンスタンダード」からでした。ピチカート・ファイヴはノンスタンダードから翌年の八六年初頭に、もう一枚12インチ「ピチカート・ファイヴ・イン・アクション」をリリースしています。「オードリィ・ヘプバーン・コンプレックス」は、紅一点だった佐々木麻美子がメイン・ヴォーカルの、フレンチ・テクノポップというべき佳曲です。当時のＰＶが動画サイトにありますが、全体の雰囲気がどこかフリッパーズ・ギターの初期ＰＶと似ています。

　二枚のシングルの後、レーベルを移籍して、ピチカート・ファイヴは一九八七年、ファースト・アルバム『ｃｏｕｐｌｅｓ』を発表します。この作品は打ち込みだった「オードリィ・ヘプバーン・コンプレックス」から大きく変わって、プロのスタジオ・ミュージシャンを起用した生演奏になっています。そもそもメンバー全員、プレイヤー的なタイプではなく、音楽ファンの仲間内でグループ結成に至ったので、四人編成とはいえバンドとは呼べないものだったようです。音楽的には、バート・バカラックからロジャー・ニコルスへと連なる、六〇年代のＡ＆Ｍサウンド（ＹＭＯの米国盤をリリースしたあのＡ＆Ｍです）をモデルにしており、アンニュイでゆったりとした空気感がアルバム全体を覆っています。演奏はほぼプロに任せて、メンバーは作詞作曲編曲、そしてヴォーカルを取っているのですが、皆けっして上手くはありません。むしろヘタウマというべきでしょう。しかしこの歌の拙さが、結果として『ｃｏｕｐｌｅｓ』というアルバムに不思議な魅力を与えています。

　しかしレコード会社はそうは考えなかったようで、セールスが好ましくなかったこともあってか、このアルバムのリリース後、佐々木と鴨宮がグループを脱退し、ピチカート・ファイヴには、小西康陽と高浪慶太郎の二人が残されました。彼らはそれまでのリリースでもメイン・コンポーザーではありましたが、二人ではグループとは言えません、ユニットです。この経緯は、のちのフリッパーズ・ギターとよく似ています。

田島貴男から野宮真貴へ

ピチカート・ファイヴがすこぶるユニークだったのは、このあと、リード・ヴォーカルをリクルートするという発想に向かったことです。小西、高浪の二人は、当時すでに「オリジナル・ラヴ」を率いて活動していた田島貴男《たじまたかお》（一九六六年〜）をシンガーとして迎えます。田島は、オリジナル・ラヴを解散させることなく（それを加入の条件として）、ピチカート・ファイヴに参加しました。こうしてトリオになった第二期ピチカート・ファイヴは、一九八八年に『Bellissima!』、八九年に『女王陛下のピチカート・ファイヴ』、九〇年に『月面軟着陸』と、三枚のアルバムをコンスタントにリリースしていきます。

田島の日本人離れした歌声を得て、小西と高浪はまたも音楽性を変化させ、R＆BやソウルＡＯＲ的な要素などを旺盛に取り入れつつ、アレンジ面でもさまざまな実験を行っていきます。面白いのは、田島は自分のバンドであるオリジナル・ラヴではもちろん自分で作曲していますが、ピチカート・ファイヴでも曲を書いているのです。ただ声だけを提供していたわけではありません。つまり、この時期のピチカート・ファイヴには、田島のソロの要素もあり、作曲家が三人いる状態だったわけです。三枚のアルバムはいずれも秀逸な仕上がりですが、その超然としてアダルトな音作りは、イカ天ブーム絶好調だった当時の日本の音楽の流行とは、やはりかなりすれ違っていました。したがって、この時点でのピチカート・ファイヴは、玄人筋からの評価は高いものの、一般的な知名度はまださほどではありませんでした。

一九九〇年に入って、ピチカート・ファイヴは再びレコード会社を移籍します。このタイミングで田島貴男がオリジナル・ラヴに専念することになり、脱退してしまいます。そこでまたヴォーカリストを探すことになり、以前からの友人だった「ポータブル・ロック」の野宮真貴《のみやまき》（一九六〇年〜）に白羽の矢を立て、新メンバーに迎えました。ポータブル・ロックは一九八三年にデビューしているので、年齢もキャリアも小西、高浪と同世代です。しかし八〇年代末には活動停止状態になっており、田島時代のピチカート・ファイヴの録音に野宮がバック・ヴォーカルとして参加していたことから、話は早かったようです。

しかし、ピチカート・ファイヴとしては、これは非常に大胆な選択だったと言えます。田島貴男と野宮真貴は、どちらも個性と力量を兼ね備えた魅力的なシンガーですが、ヴォーカル・スタイルはまったく違うし、そもそも性別が違います。また、田島と違って野宮は曲は書かず、ただ歌うのみです。田島がオリジナル・ラヴとは別に、彼自身の内にあった音楽性をピチカート・ファイヴに持ち込んでいたような貢献の仕方は、野宮には不可能でした。しかし、その代わりに彼女は、それ以前のヴォーカルには成し得なかった破格の成功の武器を、ユニットに齎すことになります。そう、キャラクターです。

欧米でも活躍した黄金時代

野宮真貴の加入後、ピチカート・ファイヴは急速に人気を獲得していきます。一九九一年『女性上位時代』、九二年『スウィート・ピチカート・ファイヴ』の二枚のアルバムを経て、ブレイクの火がついたのは九三年春、カネボウ化粧品のCMソングに起用されたシングル「スウィート・ソウル・レヴュー」によってでした。同じ年に発表されたアルバム『ボサ・ノヴァ２００１』のプロデュースは、フリッパーズ・ギターを解散してコーネリアスを名乗り始めたばかりの、まだソロ・デビュー作「太陽は僕の敵」のリリース以前の小山田圭吾です。渋谷系の二大アーティストが、ここでタッグを組んだわけです。というよりも、ピチカート・ファイヴのキャリアが「渋谷系」と接続されるのは、当然ですが、野宮真貴以後のことです。

「スウィート・ソウル・レヴュー」に続くシングル「東京は夜の七時」は、フジテレビ系『ウゴウゴルーガ2号』のオープニング曲となり、ピチカート・ファイヴの知名度は更に増します。ちなみにこの曲名は、矢野顕子の一九七九年リリースのライヴ盤のタイトルの引用です。その後も、定期的にシングルをリリースしつつ、九四年には『ｏｖｅｒｄｏｓｅ』、九五年に『ロマンティーク96』、九七年に『ハッピー・エンド・オブ・ザ・ワールド』と、コンスタントにアルバムを出していきます。しかし、フリッパーズ・ギターや、コーネリアス、あるいは小沢健二と較べると、九〇年代に入ってからのピチカート・ファイヴには、アルバムごとの大きな音楽性の変化はありません。基本的には、同一路線がずっと連続している印象があります。これは野宮真貴という強力なミューズを得て、彼女の魅力を最大限に活かす形でとことんやってみようということだったのだと思えます。

前後しますが、九四年にピチカート・ファイヴは、アメリカのマタドール・レーベルと契約を交わし、日本盤とは別に海外向けに作られたミニアルバム『5×5』、アルバム『MADE in USA』を発表、高いセールスを記録します。先述のようにコーネリアスもマタドールと契約して米国デビューしていますが、これはそれよりも数年前のことです（前年の『ボサ・ノヴァ2001』のプロデュースもあり、小西康陽がコーネリアスをマタドールに紹介した可能性もあります）。九五年にはアメリカ、ヨーロッパでライヴ・ツアーも行い、野宮真貴の特異なキャラクターとステージ・パフォーマンスが受けて、海の向こうの音楽メディアにも登場するようになります。

こうして九〇年代半ば頃には、日本でも人気があり、アメリカやヨーロッパでも活躍するという、いわば黄金時代が訪れるわけですが、九四年の『ｏｖｅｒｄｏｓｅ』を最後に、高浪慶太郎が脱退します。ピチカート・ファイヴは、ファイヴと言いつつ四人でスタートし、三人目の異なる三人組で二つの時代を歩んできて、遂に小西康陽と野宮真貴の二人きりになってしまいました。しかし人気は衰えることなく、九六年には日産のCM曲「ベイビィ・ポータブル・ロック」がヒット、九七年には小西が自身のレーベル、*********（レディメイドと読みます）records,tokyoを所属する日本コロムビア内に立ち上げ、オリジナル・アルバムのみならず、種々の企画盤をリリースしていきます。

最後のコンセプト「解散」

九〇年代の末頃には、ピチカート・ファイヴは、リリースごとのチャート・アクションこそ浮き沈みがありましたが、ニッポンの音楽シーンにおいて、独自の確固たる地位を築いていました。彼らは、渋谷系と呼ばれたムーヴメントの中でも、ひときわセンスが良く、マニアと大衆のどちらからも支持され、更には海外でも認められた存在として、別格といえるポジションにありました。ところが、またしてもということになりますが、九〇年代が終わり、二十世紀が終わった、二〇〇一年の三月半ば、小西康陽は突然、ピチカート・ファイヴの解散を発表します。しかもXデイは、僅か二週間ほど後の三月末日でした。

ピチカート・ファイヴはその年の一月一日、つまり二一世紀の最初の日に『さ・え・ら ジャポン』というアルバムをリリースしていました。小西によれば、その仕上がりが非常に満足のゆくものだったので、最高の状態にある今、解散しようと思い立ったとのことでした。それにしても、あまりにも唐突で、何か別の理由があるのではないかという憶測も当然流れましたし、何よりファンの間には動揺が広がりました。その真相は今もって定かではありません。

けれども、フリッパーズ・ギターについて述べたように、渋谷系のアーティストは、音楽との向き合い方も、その作り方も、活動の仕方も、つまりは音楽家としての存在のありようの全てが、おしなべてコンセプチュアルです。それはつまり、立てられたコンセプトは必ず実行されなければならない、ということです。いうなれば小西康陽は、ピチカート・ファイヴというコンセプトを完璧に遂行した。幾つもの変化を経ながらも十五年にわたって走ってきたプログラムは、見事に完結した。したがって解散する。解散するということ自体が最後のコンセプトであり、それは当然、完遂されねばならない。このような潔さがある。言い替えればそれは、奇妙なまでのこだわりの薄さ、あらかじめの諦念にも似た感覚です。

これはおそらく、彼らが音楽をする動機が関係していると思います。ひとが音楽家になる理由は、大きく言って二通りあります。ひとつは「誰かの音楽を聴いたから」、もうひとつは「誰の音楽を聴いたからでもなく」です。前者は、本書で繰り返し語ってきた「リスナー型ミュージシャン」です。後者の、音楽の動機が本人の自己表現衝動や内発的な欲望みたいなものにある場合には、たとえばバンドを解散したり、音楽自体を辞めたりしても、またやる気が生じたら、復帰したり再結成したりする可能性が高い。そこには、その人間の内面や人生や生活、言うなれば実存が密接にかかわっている。そういうひとは、要するに、自分の思うがままにやっているだけなので、たとえコンセプト的な目標や制約を掲げたとしても、気が変われば放り出したり変えてしまうことができる。

けれども、他者の音楽のインプットを自分という回路でプロセシングし、自分の音楽としてアウトプットすることが、音楽家としてのアイデンティティの根本にあるようなタイプのミュージシャンは、常にどこか自分を客観視していて、自分自身すらコンセプトの素材として扱っているようなところがある。つまり、自分の感情なり欲求なりがコンセプトを裏切ることが許せないわけです。これはある意味で自分で自分を縛っているようですが、まさにそうなのです。彼らはむしろ、自ら望んで自分を縛っていったのです。それは、その終わり方だけではなく、おそらくは最初から、そういうことだったのだと思います。

もちろん、そういうことなのかどうか、どういうことだったのか、ほんとうのところは、筆者にはわかりません。しかしいずれにせよ小西康陽は、二〇〇一年三月三十一日にオールナイトで解散ライヴを敢行し（多くのゲストが参加し、その中にはかつてのメンバーの姿もありました）、ベスト・アルバム『PIZZICATO FIVE R.I.P.』をリリースして、それ以後、現在に至るまでピチカート・ファイヴという名前のユニットを再始動はしていません。ゼロ年代以降、野宮真貴もソロ作を出したり、ライヴをしたりしていますし、小西康陽も楽曲提供やプロデュースで存在感を示していますが、ピチカート・ファイヴは、八〇年代と九〇年代の二つのディケイドに存在していただけで、今世紀に入ってからは、三ヶ月しか活動しませんでした。しかし、それから十数年が経った現在もなお、その名前は、ある紛れもない新しさとともにあるように思えます。

映画からの影響

ピチカート・ファイヴの音楽性は、フリッパーズ・ギターと同様に、内発的な音楽ではありません。それはリスナー的な音楽であり、マニア的な音楽であり、DJ的な音楽、コンセプチュアルな音楽です。どの曲も、どの試みも、影響元が大方特定できるし、そもそもそれは隠されてもいない。渋谷系のネタ探しが頻繁に行われるのは至極当然です。けれどももしかし、彼らにとっては、膨大な聴取体験や音楽的記憶の中から、何を引っ張ってきて、そこにあるエレメントを、複数組み合わせたり、変形を施したりして、一曲ないし一枚の中に、どのように縫合するか、つまり引用と編集と加工のセンスに本質があるわけです。そして、このような音楽が渋谷系という一種のエコール（たとえそれが外部から呼ばれたものであれ）として生起し得るためには、時代の条件、音楽の大量かつ多種類受容＝消費というインフラが必要だったということです。

ピチカート・ファイヴ、いや、これはもう小西康陽の、と言った方がいいのだと思いますが、その音楽家としての特徴は、フリッパーズ・ギターと較べて、音楽に留まらず、それ以外の文化やカルチャー、とりわけ映画からの影響が色濃いことです。小西は音楽オタクであるのと同じくらいに映画オタク＝シネフィルであり、彼の作る曲の歌詞や音楽性、その世界観、あるいはヴィデオなどには、彼の好きな映画、ゴダールやトリュフォーなどのヌーヴェルヴァーグや、アントニオーニやフェリーニといったヨーロッパの芸術映画、などなどのフレイヴァーが無数に注ぎ込まれています。もちろん、フリッパーズ・ギターも、たとえば「恋とマシンガン」では六〇年代のイタリア映画『黄金の七人』のサントラからサンプリングされていますし、彼らのヴィデオにもフランス映画やニューアメリカンシネマへの目配せがあります。これはピチカート・ファイヴもフリッパーズ・ギターも、そのアートワークや映像ディレクションに信藤三雄がかかわっていたことが大きいのかもしれません。けれども、小西の方がより手が込んでいるというか、マニア度が上という気がします。とりわけ一連のビデオにおける、野宮真貴のシアトリカルでフィクショナルなイメージには、六〇年代ゴダールの傑作群の多くでヒロインを務めたアンナ・カリーナの姿が見事に「引用」されています。

過去に差異化を求めてゆく

しかし、その代わり、前にも述べたように、九〇年代のピチカート・ファイヴの音楽そのものは、ごく短期間で刻々と音楽性を変えていったフリッパーズ・ギターとは違って、マクロな視点で見ると、極端な変化などはなく、ほぼ一貫しています。そこで気づくのは、小西康陽の作る曲には、同じく海の向こうの音楽を参照していても、フリッパーズ・ギターのように、同時代的な流行からの影響は、ほとんど感じられないということです。つまり、フリッパーズ・ギターが輸入盤店的だとしたら、ピチカート・ファイヴはむしろ中古盤店的なのです。これは映画の場合も同じで、小西の趣味は、ミニシアター的な、あるいは名画座的、回顧特集上映的なものであって、けっしてオンタイムのそれではありません。

これは端的に言って、八〇年代的な感性だと思います。ピチカート・ファイヴの活動開始は一九八四年、そのとき小西は二十代半ばで、野宮真貴をヴォーカルに迎えた時には三十歳を過ぎていました。彼の音楽／映画マニアとしてのベースは、八〇年代から九〇年代に更新されてはいなかったのかもしれません。けれども、それが九〇年代の音楽シーンとシンクロしたのです。

何度も繰り返しているように、九〇年代の日本では、海外の最新の音楽が、八〇年代以上に早く、安く、大量に聴けるようになりました。それはフリッパーズ・ギターの歩みにも反映されています。「外」と「内」のタイムラグが埋まっていく過程にはダイナミズムがありますが、それが限りなくゼロに近づいていった時代です。九〇年代半ば以降は、インターネットが登場し、情報の伝播《でんぱ》の仕方も変わってきます。しかし、実際に時間や距離の差が問題にならなくなると、ある意味、その後がなくなってしまいます。ただ単に、いま向こうで起こっていることがほぼ同時にわかる、それだけになってしまう。少し前までなら、いち早く「ロンドンで今流行っている音楽はこれだ！」と知ることが、他人との差異化の要素になっていたのが、そうした早耳、先物買い的なことは、すごい勢いで意味と効力を失っていきます。これはつまり、皆が同じ条件になっていくということです。そうすると今度は、リアルタイムで起きていることではなく、むしろ「過去」に差異化のリソースを求めてゆくベクトルが強くなってくる。こうして、音楽マニアやＤＪは、過去に埋蔵された宝の発掘へと向かいました。

九〇年代には、選曲家の橋本徹《はしもととおる》が主宰する「サバービア」が、当時の「今の耳」にもオシャレだったりカッコ良く聴こえ、DJでも使えるような過去の知られざる名曲、名盤、アーティストを次々とクローズアップして、それらが渋谷の音楽好きの間でブームになる現象が起きていました。サバービアも渋谷系の重要な要素のひとつだと言えます。そして、そこでフックアップされる音楽は、六〇年代〜七〇年代くらいが非常に多かった。これは小西康陽の趣味とも一致しています。ソフトロック、フレンチポップ、ソウルミュージック、サウンドトラック等々。彼が引用／参照／言及する音楽、そして映画も、六〇年代くらいのものが非常に多い。しかし年齢的に言って、小西康陽はその時点ではまだ子どもなので、当時の音楽や映画をオンタイムで知り得たわけではない。ではなぜそれらを自分の記憶装置から出してきて、さまざまな機会に使うことができたのか、それはもちろん、先にも記したように、彼が二十代の若者だった八〇年代に発見することができたから、というのが答えです。

前に、参照／影響の四つの方向を①「現在の国内」②「現在の海外」③「過去の国内」④「過去の海外」と整理してみました。これらの四つのベクトルの内、①は「今ここ」ですから、いつであっても常に変わらずあるわけですが、九〇年代には、②と④のズレがほぼなくなってしまった。一方、③と④への接続＝アクセスが加速したのは八〇年代のことだった。ＣＤによる過去の名盤のリイシューが進めば進むほど、それに並行して、まだＣＤになっていない／ならない／することの適わないような、よりマイナーで珍しい幻の音源への渇望が強化されていくことになります。サバービアの橋本徹は、多くのコンピレーションやリイシューのＣＤ企画にかかわるようになっていきました。

小西康陽は、ピチカート・ファイヴを結成したとき、すでに①と②よりも③や④へのこだわりの方が強かった。いや、彼は「過去」を駆使して「現在」と勝負しようとしたのです。そして、そんな彼の時間感覚に、九〇年代の音楽受容の方が追いついた。いや、追いついたという言い方は少々おかしいかもしれませんが、いうなれば九〇年代には、最新であることの価値が限りなく退潮し、むしろ過去こそがある意味では新しいのだというモードが登場し、そこに小西康陽という人物の趣味性やメンタリティが合致した、ということなのではないかと思います。

「東京の合唱」のアイロニー

ところで、先に「王子様時代」の小沢健二に多少の反撥を覚えたと書きましたが、実は最盛期のピチカート・ファイヴのことも、筆者は当時、あまり好きではありませびたびたびたことをいうことだとアーティストだと行動するアーティストだということをたびたび述べてきましたが、コンセプトとマーケティング戦略は基本的には異なります。しかし、両者が繋がってしまうこともある。かつて細野晴臣は、ＹＭＯで全世界でレコードを四〇〇万枚売る、とぶち上げたわけですが、それは戦略というよりも、いうなればコンセプトが孕《はら》む夢のようなものだった。現実的な実現可能性とは次元の違う話だった。実際にＹＭＯは海外デビューして好評を博すわけですが、それはひとつの結果であって、必ずしも目的、目標ということではなかった。そしてその成功の鍵となったのは、マーティン・デニーをシンセサイザーでカヴァーしたからではなく、ＹＭＯが（必ずしも海外向けということではなく）遊戯的／倒錯的に身に纏ってみせた、テクノ・オリエンタルな意匠によるところが大だった。

第二章でも触れておきましたが、日本／人の特殊性、特異性を、敢えて（実像以上に？）打ち出すのは、ニッポンのカルチャーが海外に出ていく際の範例になりました。アメリカでの展開にあたって、筆者にはピチカート・ファイヴが十五年前のＹＭＯという成功モデルを意識して、戦略的にイメージを作っているように思えたのです。そして外国で評判を取っていることが、今度は日本国内での評価や人気へとポジティヴに折り返されて来る。これもＹＭＯが先鞭《せんべん》をつけたことです。筆者には、こうしたことの全てが、どうにもスノッブに思えてしまったのです。また、戦略が実際に狙い通りに非常に上手くいってしまうという状況自体にも、どこか浅薄な、うんざりさせられるものを感じていました。

ところが不思議なことに、単に天の邪鬼なだけかもしれませんが、解散表明の少し前くらいから、筆者のピチカート・ファイヴの見方は変わってきていたのです。二〇〇〇年のことです。この年の夏、小西康陽がプロデュースしたSMAPの香取慎吾《かとりしんご》の企画シングル「慎吾ママのおはロック」が大ヒットしていますが、その後の九月末、ピチカート・ファイヴは「東京の合唱」（小津安二郎の映画の題名から採られています）というシングルをリリースしました。

いつもの野宮真貴の歌に加えて、歌手の松崎しげるとラッパーのYOU THE ROCK★をフィーチャーした、アップテンポでノリの良い、パーティー・チューンと呼んでもいいような曲です。そのPVはバスガイド姿の野宮、和装の松崎、昔の学生服姿のYOU THE ROCK★が、「東京」の二文字があしらわれた旗を持って、浅草の仲見世を練り歩いたり、人力車に乗って走り回るもので、いかにも能天気でハッピーな雰囲気に包まれていました。

にもかかわらず、筆者はこのPVから、奇妙な物悲しさを感じてしまったのです。

それは楽曲や映像自体に宿るものではなく、彼らがこんな曲を二〇〇〇年の秋に歌い演じているということに対する感情でした。かつてYMOは「トキオ」と歌いました。それは「海の向こうから見た東京」のイメージを言い表した言葉でした。YMOはそのイメージを自らの内に取り込みました。「トキオ」の表象は、そのまま当時の「JAPAN」の表象でもあります。しかし「東京の合唱」における「東京」の二文字は、まったく「トキオ」とは違います。そこに映っているのはただの観光地としての「浅草」であり、曲名といい三人のいでたちといい、むしろYMO以前に巻き戻っているかのようにさえ思えます。しかし現実の時間は、二十世紀の終わりであるわけです。なぜ今さら「浅草」で「東京」なのか。渋谷から浅草へ。そう考え出すと、ここにはやはり、一種の紛れもないアイロニーが垣間見えているように思えたのです。

東京の凋落《ちょうらく》と「幸せな結末」

九〇年代の東京、中でも渋谷は、そこに行けば音楽の最新情報が、何でも得られる街でした。渋谷のタワーレコードでは、手に入らないCDはない、とまで言われていました。それはもちろんオーヴァーだとしても、海外から来たミュージシャンをタワレコに案内すると、皆が皆、その品揃えに驚愕していたものです。これは、それだけの需要が、売り上げがあったということです。しかし同時に、日本の九〇年代とは、陽が沈むかのように不況に陥っていった時代でもある。

ピチカート・ファイヴは「東京」という言葉が出てくる曲を幾つも書いていますが、もっとも有名なのは「東京は夜の七時」でしょう。この曲のリリースは一九九三年。そのPVを観ると、そこでは東京タワーが燦然《さんぜん》と光り輝いていて、まだ「東京」がある意味で「世界の中心」だった頃の感覚を有していると思えます。野宮真貴の立ち姿も、堂々としている。ところが、それから七年後の「東京の合唱」になると、何かが違ってしまっている。東京タワーも浅草も東京のランドマークですが、いわば「東京は夜の七時」は「トキオ」なのに、「東京の合唱」はクリシェと化した「浅草」なのです。

実際には、二十世紀末の日本は、終わりのない不況の真っ只中にありました。すでに東京は凋落していた。もはや誰もがうすうす、あるいははっきりと、そう認めざるを得ない状態に陥っていた。だからこそピチカート・ファイヴは、敢て「東京の合唱」を歌ったのではないか、と思うのです。ここには、何重にもなった、複雑なアイロニーの回路があります。「渋谷系」がそう呼ばれたのは、あの一時期、渋谷という街が、日本最大の流行発信地であり、世界有数の音楽都市、情報都市だったからです。

しかし、現実の渋谷も、東京も、日本も、刻々と変わってゆく。そしてその変化は、七〇年代、八〇年代と続いてきた曲線とは、逆に振れていきました。疑いなく渋谷系を代表するアーティストだったピチカート・ファイヴの歩みには、その変化のプロセスが、意識的にか、無意識的にかはともかくとしても、まざまざと映し出されていたと思います。

解散以後、筆者はピチカート・ファイヴのことを以前とはかなり違った角度から考え直すようになりました。彼らは一九九七年に『ハッピー・エンド・オブ・ザ・ワールド』というアルバムを出しています（ちなみに解散後にリリースしたヴィデオのタイトルは『ハッピー・エンド・オブ・ザ・バンド』です）。そう、はっぴいえんどです。このアルバム・タイトルには、もちろん二年後に迫った「一九九九年」が含意されているわけですが、小西康陽の頭の中には、この時すでにピチカート・ファイヴの「幸せな結末」が胚胎していたのではないでしょうか。あらためて聴いてみると、このアルバムには、その三年後の「東京の合唱」で顕在化する物悲しさが見え隠れしているようにも思えます。それから二年後の一九九九年、つまり九〇年代の終わりにリリースされたアルバムは、ユニット名と同じ『PIZZICATO FIVE』でした。

音楽家がセルフ・タイトルの作品を発表するとき、そこには活動の根幹にかかわる深い意味が込められていることが多いです。このアルバムからの先行シングルは「パーフェクト・ワールド」でした（クリント・イーストウッド監督の九三年の映画に同名の作品があります）。その歌詞には、次のようなくだりがあります。

何もかもが／うまく行きすぎる一日／きょうは世界の／変わり目の日

小西康陽には「九〇年代」とともにピチカート・ファイヴをハッピーに葬送するつもりがあったのではないか。しかし、理由はともかく、そうはならなかった。次のタイミングとしては、二〇〇〇年の十二月三十一日、すなわち二十世紀の終わりの日に解散するのが、コンセプト的には綺麗だったのだけれど、またしても何らかの事情から、そうはならなかったのではないか。

最終的に、二〇〇一年の三月末日が、最後の日に選ばれた。こんな想像（妄想）を、筆者は抱くようになりました。ピチカート・ファイヴという存在は、九〇年代を、二十世紀を、越えてはならないのだと、小西康陽自身が、そう思っていたのではないかと。

不景気なのにますます売れたCD

日本のバブル景気は、一九九一年の初めに弾けたとされています。八〇年代を通してひたすら加速を続け、とりわけ後半に入ると急激に膨張していった経済は遂に崩壊し、のちに「失われた二十年」「平成不況」などと呼ばれることになる長い長い景気後退の時代に入っていきました。そして誰の目にも明らかなように、現在もなお、日本はその地盤沈下から立ち直れてはいません。

ところでしかし、現実感覚としては、九一年以後、いきなり不景気が巷《ちまた》を覆い尽くしたということでもありませんでした。青天井の土地バブルが弾け去ったとしても、一般の人々の意識に、はっきりとマイナス感が出てくるまでには、まだ少し時間がかかります。もちろん影響は随所に現れ始めていましたが、とりわけエンタテインメント産業、文化産業にかんしては、それまでの留まるところを知らぬ右肩上がりが、その時点ですぐさま鈍化や下降に転じたわけではありません。たとえば、すでに述べておいたように、八〇年代末からのバンドブームなども相俟《あいま》って、九〇年代に入ってからも、日本の音楽シーンでは大量のニュー・アーティストがメジャー・デビューを果たしていきます。ＣＤ売り上げも、むしろ九一年以降、一年ごとに飛躍的に増加してゆくのです。そしてその上昇曲線は、これから述べていくように、そのまま止まることなく、一九九八年にピークを迎えることになります。九五年に阪神・淡路大震災とオウム事件が起こり、よく言われることですが、後から見ればこの年を境に「以前」と「以後」に歴史を分割できるほどに、九〇年代後半は刻々と社会全体が暗くなっていったのですが、それでもなぜかＣＤは売れていた、むしろますます売れていったのです。

　これはどういうことなのか。それは「渋谷系」のせいとは言えません。それは何よりもまず第一に、小室哲哉《こむろてつや》がいたからです。

　小室哲哉（一九五八年〜）は、小西康陽の少し年上（同学年）です。小西がピチカート・ファイヴとしてデビューしたのは一九八五年のことでしたが、小室はその一年前の八四年に、宇都宮隆《うつのみやたかし》、木根尚登《きねなおと》（ともに一九五七年〜）との三人組、ＴＭ ＮＥＴＷＯＲＫとしてデビューしています。宇都宮がヴォーカル、木根がギター、そしてリーダーの小室がシンセサイザーとキーボード、作詞、作曲、編曲とプロデュースを担当していました。小室は音楽的にかなり早熟で、幼い頃から鍵盤や和声の基礎を学び、中学生で高価なシンセサイザーを購入、高校生の時点で、すでに自作曲のストックがあったようです。早稲田大学在学中（後に除籍）からプロのミュージシャンとしての活動を開始し（原田真二のバック・バンドでもキーボードを弾いています）、八〇年に木根尚登をリーダーとするバンドＳＰＥＥＤＷＡＹに途中参加、このバンドのヴォーカルが宇都宮隆でした。ＳＰＥＥＤＷＡＹは七九年にメジャー・デビューしており、アルバムも二枚発表していますが、小室が木根と宇都宮を誘ってＴＭ ＮＥＴＷＯＲＫを結成したため、活動休止に至ります。

ＴＭ ＮＥＴＷＯＲＫと並行して、小室は作曲家としての活動も始めており、新人やアイドルに多数の楽曲を提供、その中で一九八六年に渡辺《わたなべ》美里《みさと》に書いた「My Revolution」が、オリコンチャートで一位となる大ヒットを記録します。そしてその翌年の八七年、ＴＶアニメ『シティハンター』のエンディング・テーマに抜擢《ばってき》されたシングル「Get Wild」で、ＴＭ ＮＥＴＷＯＲＫも初のベストテン入りを果たします。この曲によってＴＭ ＮＥＴＷＯＲＫは一躍人気バンドとなり、その後、リリース／ライヴともに順調に活動していきますが、並行して小室は作曲家、編曲家としても旺盛に仕事をしており、映画やアニメ、ドラマなどの音楽も担当、八九年にはシングル「RUNNING TO HORIZON」でソロ・デビューして、なんとオリコン一位を獲っています。

「オールインワン型」のプロデュース

ＴＭ ＮＥＴＷＯＲＫは、九〇年代に入ると「ＴＭＮ」に名称を変更し、二枚のアルバムを出しますが、デビューして十年が経った九四年春に「プロジェクト終了」を宣言し、活動を停止します。このあたり、どうしてもＹＭＯの「散開」を彷彿とさせます。身軽になった小室哲哉は、プロデューサーとして水を得た魚のごとく大活躍してゆきます。この年、篠原涼子《しのはらりょうこ》の「恋しさと せつなさと 心強さと」（「篠原涼子 ｗｉｔｈ ｔ．ｋｏｍｕｒｏ」名義）がメガヒット、それに先立つ九二年にも観月《みづき》ありさの「TOO SHY SHY BOY!」がヒットしており、この頃には特に女性歌手のプロデューサーとして絶大な評価を得ていました。

小室哲哉のプロデュースは、筆者がオールインワン型と呼ぶタイプの、ほぼ最初と言える成功例です。オールインワンとは文字通り、作詞、作曲、編曲、レコーディングから仕上げに至るまでの全工程をトータルに手掛けることです。小室はＴＭ ＮＥＴＷＯＲＫ～ＴＭＮですでにそれを行っていたわけですが、日本の音楽業界では、作曲家、作詞家、編曲家などは基本的に分業されており、それぞれの地位も確立

／保護されていたので、小室のように、たった一人で全部をやってのけてしまうプロデューサーは、まだかなり稀な存在でした。彼は、その後、つんく（二〇〇一年よりつんく♂）、中田ヤスタカ、ｔｏｆｕｂｅａｔｓ、と引き継がれてゆくオールインワン型プロデューサーの草分けと言えます。

ＴＭＮ活動停止以前の一九九二年、小室は、自分の名前がユニット名に含まれているのにもかかわらず自分はメンバーではないという、特異なグループの誕生にかかわっていました。そのユニットの名は「ｔｒｆ」（一九九六年よりＴＲＦ）、「TK RAVE FACTORY」の略です。ｔｒｆはシンガーのＹＵＫＩ、男性ダンサーのＳＡＭ、女性ダンサーのＥＴＳＵとＣＨＩＨＡＲＵ、そしてＤＪ ＫＯＯから成る五人編成のユニットで、総合プロデュースをＴＫ＝小室哲哉が担当、というよりも、名前の通り「小室哲哉」の「レイヴ」の「ファクトリー＝工場」としてメンバーが集められたのがｔｒｆだったわけです。

この頃、音楽ユニットなのに正式メンバーに歌唱や演奏を担当しないダンサーが居るのは、まだかなり珍しいことでした。ヴォーカルのＹＵＫＩは、複数の実力派ダンサーとシンガーから成るグループＺＯＯの元メンバーです。現在のＥＸＩＬＥにまで連なるダンス／ヴォーカル・ユニットの系譜は、このあたりから始まっています。

ちなみにEXILEのリーダーHIROもZOOに所属していました。小室は、TMNではそこまで踏み込み切れなかった「レイヴ」に対応するサウンドを追求するため、trfを造り出したのです。

日本のバブルとユーロビート

レイヴのことは、セカンド・サマー・オブ・ラブやマンチェ・ブームにかかわって「渋谷系」のパートで触れておきました。八〇年代末のイギリスのレイヴ・パーティでは、アシッド・ハウスやテクノといった音楽がDJによってプレイされていましたが、それ以前から、ディスコ・ミュージックをより高速にしたような「ユーロビート」と呼ばれるジャンルが、日本では人気を得ていました。もともとはイタリア発の通俗的なディスコ＝イタロ・ディスコから派生してきたもので、ハイエナジーとも呼ばれていた、かなりハイテンションなダンス・ミュージックです。日本においては、レイヴのイメージは、むしろユーロビートと結びつけられていました。

これは疑いなく、バブル景気と関係しています。八〇年代末のバブル最盛期には、東京の港湾地域がウォーターフロントと呼ばれて急速に開発され、立ち並ぶ高層マンションや商業施設とともに豪奢《ごうしゃ》なディスコ・クラブが幾つもオープンしていました。

この頃までにディスコという空間は、八〇年代前半に原宿にあった、スネークマンショー／クラブキングの桑原茂一がオーナーだったピテカントロプス・エレクトスから、都築響一《つづききょういち》がプロデュースしていた芝浦GOLDなど、どちらかといえば流行に敏感なセンス・エリート向けのスペースと、麻布十番のマハラジャに代表されるような、まさにバブリーな空間に二極化していましたが、巨大化が進むにつれて、より一般向けの営業方針を打ち出すようになり、九〇年代に入ると一挙に大衆化します。

その頂点と呼ぶべき会場＝ハコは、バブル崩壊後の一九九一年の五月に東京港区の芝浦に出現したジュリアナ東京です。この時点では、まだその後に「失われた20年」が待っていることに、ほとんどの人が気づいていませんでした。大衆の心性はまだバブルのままだったのです。ジュリアナ東京は大ブームとなり、ボディコン・ファッションに身を包み、ワンレングスのヘアスタイルをした派手な女性たちが、お立ち台と呼ばれるステージに上って扇子を振り回しながら踊り、仕事帰りの若いサラリーマンたちがその姿を欲望の目で見つめるという、異様な光景が日々展開していました。ユーロビートは、そんな巨大ディスコで大音量で流されるダンス・ミュージックとして、にわかにニーズを増していたのです。

ｔｒｆが大当たり

ｔｒｆの所属レコード会社、エイベックス（・トラックス）は、もともとはユーロビート系の直輸入盤を扱ったり、コンピレーション盤をリリースする会社でした。エイベックスが送り出した初の日本人アーティストが、ｔｒｆです。そしてそのプロデュースは、全面的に小室哲哉に任されました。小室は以前からユーロビートに強い関心を持っており、ＴＭＮの音楽性にも取り入れていました。彼がレイヴ対応のユニットとして、ユーロビートを彼独自の解釈で日本向けに仕立て直し、満を持して放ったのが、ｔｒｆだったのです。そして、これが大当たりします。

早くも、一九九三年六月リリースのセカンド・シングル「EZ DO DANCE」で、ｔｒｆは注目され始めます。初のオリコンベストテン入りを成し得た同年末の「寒い夜だから…」を経て、九四年の「survival dAnce ～ no no cry more ～」が一位を獲得、矢継ぎ早に出した「BOY MEETS GIRL」で、ｔｒｆはその人気を完全に確立します。これはＴＭＮの活動休止直後のことであり、小室には長年活動してきた三人組をストップしてでもｔｒｆに専心したい気持ちがあったのかもしれません。

ｔｒｆは「survival dAnce」から、この曲をもって小室のプロデュースを一時離れる九六年末リリースの「LEGEND OF WIND」まで、十二枚連続でオリコントップテンにシングルをチャートインさせています。

ｔｒｆの音楽は、確かにサウンド的にはユーロビートが基調になっていますが、その上に、小室哲哉ならではのフックの多いエモーショナルなメロディが乗せられており、歌を活かすためのアレンジによって、ユーロビートのスタイルに、さまざまな改変が加えられています。結果として、どの曲も、単なるユーロビートの日本版とはかなり違った仕上がりになっています。八〇年代後半には、イギリスのプロデューサー・チーム、ストック・エイトキン・ウォーターマン（Stock-Aitken-Waterman＝ＳＡＷ：三人の名字を合体させた名称）が、リック・アストリーやカイリー・ミノーグといった新進シンガーを、ユーロビートをベースにした楽曲で大ヒットさせていましたが、小室は明らかにＳＡＷを踏まえながらも、あくまでも日本のポップスとして、ｔｒｆの音楽を世に放ったのです。

「リスナー型ミュージシャン」としての小室

このことは、逆説的に、小室がユーロビートと呼ばれる音楽の形式や構造、その特殊さを、非常によく知悉《ちしつ》していたことを意味しています。だからこそ、彼は「ユーロビートそのまま」をやるのではなく、ニッポンの音楽として機能し得るトランスフォーメーションを施すことができた。これが何を意味しているのかといえば、小室哲哉もまた、紛れもなく「リスナー型ミュージシャン」だということです。TM NETWORK～TMNには、多様な音楽性、プログレ、ハードロック、ニューウエーヴ、エレクトロ、ディスコ、テクノ、等々が作品ごとにちりばめられていました。

そもそも小室は小学六年生のときに大阪万博で冨田勲による「東芝IHI館」の音響作品に衝撃を受けて以後、シンセサイザーオタク、機材オタクになり、さまざまな洋楽ジャンルを、楽曲面と技術面の双方から研究していました。イエロー・マジック・オーケストラが登場したとき、彼は大学生でしたが、すでにYMOの三人に引けを取らないほどの知識を、少なくともテクノロジーという次元においては持っていたかもしれません（小室はYMO、とりわけ坂本龍一へのリスペクトを度々公言しています）。そしてユーロビートのような打ち込みの音楽は、何よりもまず第一にテクノロジーに立脚しています。

小室もまた、かってはっぴいえんどやYMOのメンバーたちがそうであったように、また同時代では渋谷系と呼ばれた人々がそうであったように、無数の音楽、それも海の向こうの音楽を聴くことで、自らの音楽的アイデンティティを形成していった。ロックやポップスが沢山のサブジャンルへと分化していった七〇年代、パンクの衝撃を経てテクノロジーとモードの更新が次々と起きていった八〇年代、そして音楽的な様式や意匠の変化／進化がますます過剰に加速しながら、同時に過去が現在にせり上がってくる九〇年代、これらのディケイドを小室哲哉も音楽の聴き手／作り手として通り抜けてきた。歴史を踏まえて現在に臨む、という態度を彼も他のリスナー型のアーティストたちと共有している。ただやみくもに最新流行を追いかけるのとは、やはり違うのです。ユーロビートを導入するにあたっても、そのスタイルを日本人が日本で日本語によってやるということだけではなく、ニッポンというコンテクスト（文脈＝土壌＝状況＝市場）に変換しなくてはならない。

「世界で最も売れたジャングルの曲」

このことは、一九九五年に小室が手掛けた「H Jungle with t」に顕著に表れています。このユニットは、当時人気絶頂だったダウンタウンの浜《はま》田《だ》雅功《まさとし》をヴォーカルに据えた企画ものプロジェクトで、シングル「WOW WAR TONIGHT ～時には起こせよムーヴメント」が二〇〇万枚を超えるメガヒットになりました。ネーミングは、もちろん「H」amada のジャングル with「T」etsuya ということです。「ジャングル」とは、ハウス／テクノ以降にイギリスを中心に大流行した音楽で、ドラムンベースとも呼ばれていました。ジャングル＝ドラムンベースはテクノのフォーマットにダブ／レゲエのビートを掛け合わせて高速化したようなハイブリッドなダンス・ミュージックで、ヒップホップやハウス、テクノと同じく、オリジネイターの多くは黒人でしたが、次第に白人ミュージシャンも進出して、九〇年代半ばの最盛期には、エイフェックス・ツインやルーク・ヴァイバートといったテクノを代表する白人アーティストたちが、次々と変名などを用いてそのスタイルを取り入れた楽曲を発表していました（それらはドリルンベース等と呼ばれました）。

　小室哲哉のＨ　Ｊｕｎｇｌｅ　ｗｉｔｈ　ｔは、このような海外でのジャングル・フィーバーの第二段階と完全にシンクロ、もしくはやや先行しています。「WOW WAR TONIGHT～時には起こせよムーヴメント」は、浜田雅功のけっして上手くはないが妙に味のある歌唱の魅力もあって、企画盤の域をはるかに超える売れ行きを示しましたが、間奏の松本人志《まつもとひとし》の呟きの後にいきなり入ってくる独特なリズムに、多くの聴き手はこれがジャングルという最先端の音楽なのか、と思っただろうと思います。

　当時、筆者はダンス／クラブ・ミュージックをかなり大量に聴いていましたが、小室のジャングルは、もちろん本場のそれと比較すればいろいろなところが違っているものの、けっして思い付きや付け焼き刃だけでやってみたというレヴェルではないと思えました。ジャングルのコアなファンからは、日本でのジャングル紹介が、よりによって小室哲哉という人物によって、しかも当代きっての人気お笑い芸人を巻き込んだ形で成されてしまったことに対する反感や揶揄《やゆ》も聞こえてきましたが、小室はジャングルを剽窃《ひょうせつ》しようとかそのブームを利用しようなどとは微塵《みじん》も思ってはおらず、ただ単にその頃、ジャングルにハマっていたから自分も（他の誰よりも早く）やってみたかっただけであり、しかしやるからにはちゃんとやる、すなわちジャングルの形式性をしかと押さえた上で、なおかつ日本のコンテクストに合わせて加工変形を行う、ということを彼なりに真摯に実行した、ということだったのだと思います。

ここには明らかにユーロビートの導入と同じ変換回路が働いています。結果として「WOW WAR TONIGHT ～時には起こせよムーヴメント」は、日本で最初の、そして数少ないジャングルを本格的に取り入れた曲であり、しかもセールス的には「世界で最も売れたジャングルの曲」になってしまったのでした。

坂本龍一との共作

Ｈ Ｊｕｎｇｌｅ ｗｉｔｈ ｔの前年の九四年に、ダウンタウンの二人は、ラッパーＫｅｎとＳｈｏという別人格を名乗り、その名もＧＥＩＳＨＡ ＧＩＲＬＳとしてＣＤデビューしていました。デビュー・シングル「Grandma Is Still Alive」の作曲編曲プロデュースは、坂本龍一です。ＹＭＯの「再生」から約一年が過ぎていました。ＧＥＩＳＨＡ ＧＩＲＬＳのリリースは坂本が当時主宰していたレーベル ｇüｔ からです。唯一のアルバムとなった『THE GEISHA GIRLS SHOW ～炎のおっさんアワー』は九五年五月、「WOW WAR TONIGHT ～時には起こせよムーヴメント」の二ヶ月後にリリースされています。このアルバムには坂本の他、テイ・トウワ、アート・リンゼイ、ボアダムズ、そして小室哲哉が参加しています。

小室がかかわっているのは「炎のミーティング」一曲のみですが、この曲の作曲者には坂本と小室が連名でクレジットされています。もちろん二人はそれ以前のＴＭ Ｎｅｔｗｏｒｋ時代から面識があったと思われますが、共作は初めてでした。『THE GEISHA GIRLS SHOW ～炎のおっさんアワー』にはスネークマンショーだった小林克也も参加しており、坂本龍一の頭に十五年前のＹＭＯの『増殖』やＹＭＯが参加したスネークマンショーのアルバムがあったことは間違いありません。八〇年代初頭のスネークマンショーはラジオが主な舞台で、ブラックでナンセンスな笑いをクールに決めてみせる、マニアックでマイナーな存在でしたが、九五年のダウンタウンは全国ネットのテレビを制してお茶の間を席巻する日本一人気のある芸能人でした。これは坂本龍一の変化というよりも時代の変化です。このときの坂本龍一と小室哲哉の接点については、また後でも触れます。

異常なTKフィーバー

九〇年代後半、最盛期の小室哲哉の仕事は、小室ファミリーという呼称があったように、何人何組ものアーティスト、幾つものプロジェクトが同時並行で動いており、しかもそのほとんどがチャート上位に入る破格の売れ行きを示していました。それらの全てに触れることなど到底できません。しかし本書の目的、すなわち「ニッポンの音楽」の或る物語＝歴史を記述する、という意味では、小室がプロデュースした、ひとりの女性シンガーについて語るだけで十分だと思います。その名前は、言うまでもなく、安室奈美恵《あむろなみえ》です。

安室奈美恵（一九七七年〜）は、沖縄アクターズスクールというアイドル養成学校の出身で、一九九二年に「スーパーモンキーズ（SUPER MONKEY'S）」の一員としてデビューします。この時はまだ中学生でした。このグループでもフロントに立っていましたが、最初はほとんど注目されませんでした。しかし名義を「安室奈美恵 with SUPER MONKEY'S」に変更後に放ったシングル「TRY ME 〜私を信じて」

がヒットします。この曲はエイベックスの松浦勝人《まつうらまさと》（ＭＡＸ松浦）のプロデュースによるもので、ユーロビートのアーティストＬＯＬＩＴＡの同名曲のカヴァーでした。この時点ではまだ小室哲哉はかかわっていません。グループとしての所属レコード会社は東芝ＥＭＩでしたが、これがきっかけで安室はエイベックスに移籍することになります。

安室奈美恵を小室哲哉がプロデュースした最初の曲は、ソロ名義となってから三枚目のシングルに当たる「Body Feels EXIT」、リリースは九五年の十月で、Ｈ Ｊｕｎｇｌｅ ｗｉｔｈ ｔ「ＷＯＷ WAR TONIGHT ～時には起こせよムーヴメント」の七ヶ月後、ｔｒｆの「BRAND NEW TOMORROW」と同日発売でした。ちなみにこの二ヶ月前の九五年八月には、のちに妻となるＫＥＩＫＯ、ラッパーのマーク・パンサー、そして小室自身もメンバーのｇｌｏｂｅがシングル「Feel Like dance」でデビュー、九月のセカンド・シングル「Joy to the love (globe)」がオリコン一位を記録、また、やはり小室が全面プロデュースする華原朋美《かはらともみ》も同じ時期に歌手デビューしており、連続してヒットを放っています。

このように、この時期の小室の活動は、とにかく異様に充実かつ錯綜《さくそう》しているのですが、その中でも、年齢は若いにもかかわらず（当時まだ十八歳です）、ルックス、歌唱力、ダンス、どれを取っても飛び抜けている安室奈美恵は、彼にとって最も腕のふるい甲斐のある素材だったのだと思われます。小室のプロデュースとなって二枚目、九五年末にリリースされたシングル「Chase the Chance」でオリコン一位、九六年に入ってからも「Don't wanna cry」「You're my sunshine」が連続で一位となり、そして同年七月、小室プロデュースになってから初となるアルバム『SWEET 19 BLUES』によって、安室は完全に時代の歌姫になりました。このアルバムはリリース時点ですでにダブルミリオン、発売二ヶ月足らずでトリプルミリオンを達成しています。安室はこの年、史上最年少でレコード大賞を受賞、彼女のファッションを真似た「アムラー」と呼ばれる女子高生たちの出現も世間の話題になり、安室奈美恵は社会現象化しました。

ところで、この頃の小室哲哉がいかに凄かったのかということは、一九九六年のオリコンの年間アルバムチャートを参照してもわかります。安室奈美恵の『SWEET 19 BLUES』は、この年に限ってみると、なんと g l o b e のファースト・アルバム『g l o b e』に次ぐ第二位なのです。これは g l o b e の方が安室よりも四ヶ月ほど前にリリースされていたからですが、それにしても一位と二位をトリプルミリオンで独占し、しかも第九位には華原朋美のファースト・アルバム

『ＬＯＶＥ ＢＲＡＣＥ』が入っていて、これもダブルミリオンを記録しているのです。この年には、オリコンのシングルベストテンの半数を小室プロデュースが占めることさえありました。

そしてその異常とも思えるＴＫフィーバーの象徴ともいうべき存在が、安室奈美恵だったのではないかと思います。彼自身もメンバーのｇｌｏｂｅ、恋人と噂された華原朋美とは違い、あくまでも「プロデューサーとシンガー」という適切な距離感を維持できていたことも、重要なポイントだったと言えるかもしれません。こうして小室哲哉と安室奈美恵はともにキャリアの頂点に昇り詰め、しかもその状況はまだまだ続きそうに思えました。ところが一九九七年の秋、誰もが予想していなかった展開となります。

安室奈美恵の不在と一九九八年

この年の二月にリリースされたシングル「CAN YOU CELEBRATE?」も当然のようにオリコン一位、続く「How to be a Girl」も一位、これによってシングルの総売上が史上最速記録で一〇〇〇万枚を突破しました。そして『SWEET 19 BLUES』からちょうど一年ぶりとなる七月にアルバム『Concentration 20』がリリースされます。

日本武道館でのコンサートは、すでに前年に行っていましたが、この年の夏には四大ドーム（東京ドーム・ナゴヤドーム・大阪ドーム・福岡ドーム）ツアーが行われ、驚異的な動員を記録しています。小室哲哉の全面プロデュースのもと、安室奈美恵は次々と、彼女以前の女性シンガーの誰もがなし得なかった新記録を樹立していきます。

ところが、この年の十月二十二日、安室は突然、TRFのダンサーであるSAMとの結婚を発表します。彼女がすでに妊娠しており、来たる一九九八年の一年間、産休として完全に活動を休止することも同時に宣言されました。このニュースは、大袈裟《げさ》ではなく日本中に衝撃を走らせました。人気の絶頂にある女性アーティストが、いきなり交際、結婚、妊娠、長期休業を発表することなど、誰も予想できた筈がありません。しかも安室はこのとき、まだ二十歳になったばかりでした。同様のケースは「できちゃった結婚」などと呼ばれ、特に芸能人の場合、世間からのバッシングを受けることがまま見られますが、安室の場合は、特にネガティヴ・キャンペーンを張られることもなく、むしろファンやマスコミも祝福ムードで、この大事件を受け止めました。

これは彼女が幼い頃からひたむきに歌とダンスに打ち込んできたこと、休む間もなくスターダムを駆け上がってきて、スキャンダラスなイメージがほぼ皆無だったことが作用していたと思われます。そんな温かい空気の中、急に人気が落ちることもなく、一九九七年の大晦日の晩、安室奈美恵は紅白歌合戦の紅組のトリとして出演し、現在では結婚式で歌われる定番になっている「CAN YOU CELEBRATE?」を涙を浮かべて熱唱し、一年間の活動休止に入っていったのでした。

つまり、一九九八年とは、日本の音楽シーンに安室奈美恵が不在だった年なのです。そして、にもかかわらずというべきかもしれませんが、この年は、日本でCDの年間売り上げ枚数が最高を記録した年でもあります。ではこの年、小室哲哉は何をしていたのか。まずｇｌｏｂｅは順調に活動を続けており、九八年に出した五枚のシングルはすべてベストテン入り、うち三枚は一位を獲得、二枚のアルバムも一位になっています。華原朋美のプロデュースも続いています（二人は翌年初頭に破局報道がされますが、それはまた別の話です）。

話題となったのは、鈴木あみ（現：亜美）でしょう。九八年二月に、テレビ東京の番組『ＡＳＡＹＡＮ』のオーディション企画で小室哲哉のプロデュースによるデビューが決定し、鳴り物入りでリリースされたシングル『love the island』はスマッシュ・ヒットとなりました。『ＡＳＡＹＡＮ』は単なるオーディション番組とは違い、いわゆるリアリティ番組的な手法を取り入れており、オーディションのスタートから選考過程、デビューに至るまでの全て（とされるプロセス）を番組内で逐一、毎週ごとに映し出していくことによって、視聴者の関心と共感を惹き付けていました。この番組は、後でまた出てきます。ともあれ小室哲哉は、この年もさまざまに活動しており、特に海外でのプロジェクトが増えてきているのですが、後から考えると、やはりこの時すでにピークは過ぎていたのかもしれません。

安室奈美恵は、公約通りに、一年間のあいだ完全休業し、SAMと結婚して一児の母となってから、一九九八年十二月三十一日、紅白歌合戦に一年ぶりに姿を現し、一年前と同じ「CAN YOU CELEBRATE?」を歌いました。この復帰のセレモニーは感動的なものでしたが、一夜明けた一九九九年以後、ニッポンの音楽はそれまでのひたすらな膨張から、今度は止めどない収縮へと転じてゆくのです。そして同時に、小室哲哉の時代も、いつのまにか終わっていました。

その後の安室奈美恵の物語も非常にドラマチックなものですが、本書では触れません。ただ、復帰後まもなく安室は小室のプロデュースから離れ、幾つもの試行錯誤や紆余《うよ》曲折を経て、二〇一八年に引退するまで、唯一無二のトップ・アーティストとして確固たる地位を築いていった、とだけ述べておきます。

「最後の国民歌手」宇多田ヒカル

なぜ小室哲哉の覇権が終わりを告げたのか、その理由は複合的だと思われますが、ひとつ確実に言えることは、安室奈美恵が不在だった九八年前後に、次々と新しいアーティストが登場してきた事実があります。筆頭に挙げられるべきは、何と言っても宇多田《うただ》ヒカル（一九八三年〜）でしょう。

彼女のデビュー・シングル「Automatic」は、安室復帰直前の九八年十二月にリリースされています。ニューヨーク育ちの帰国子女であり、七〇年代に「圭子の夢は夜ひらく」でオリコンチャート一位の記録もある、かつての人気歌手、藤圭子《ふじけいこ》の娘であること、そして何よりも当時まだ十五歳の若さでありながら、自分自身で作詞作曲をしていることなど、話題性には事欠かなかったのですが、当初はプロモーションもあまり行われておらず、ひとえに「Automatic」という楽曲の力、口コミでの評判によって、急速に注目を集めてゆきます。むしろ「Automatic」が話題になったことで、彼女のプロフィールが喧伝されるようになり、そのことによって更にセールスが増していったのだと思われます。

宇多田は九九年二月にセカンド・シングル「Movin' on without you」をリリース、そして三月にファースト・アルバム『First Love』を発表します。安室奈美恵の

『SWEET 19 BLUES』は三五〇万枚売れましたが、宇多田ヒカルのこのアルバムは、それを遥かに上回る八〇〇万枚以上というセールスを叩き出し、日本の音楽史上、最も売れたアルバムという記録を樹立します。宇多田はデビューして僅か三ヶ月余りで、歴史に残る存在になったのです。

筆者は、宇多田ヒカルを「最後の国民歌手」と呼んでいます。彼女のように、日本全国の老若男女をその音楽と歌声によって一遍に虜《とりこ》にできるような存在は、おそらくニッポンの音楽に二度と現れることはないでしょう。宇多田以前にも、おそらく美空ひばりしか居ません。そして、その宇多田ヒカルが登場したのは、安室奈美恵が居なかった間の出来事だったのでした。

つんくとモーニング娘。

もうひとつ、小室の時代の終わりという意味で、こちらの方がもっと重要だと思えるのが、もちろん「モーニング娘。」です。略称モー娘。は、鈴木あみを世に送り出したオーディション番組『ASAYAN』から出て来たアイドル・グループですが、彼女たちのメジャー・デビューは九八年一月末、安室が活動を休止して一ヶ月後のことです。この時点ではあまり売れませんでしたが、番組の力もあってじわじわと人気を高めてゆき、同年九月のサード・シングル「抱いてＨＯＬＤ ＯＮ ＭＥ！」で初のオリコンチャート一位を獲得します。安室復帰後の九九年、七月に出したシングル「ふるさと」では、『ＡＳＡＹＡＮ』の番組企画で小室哲哉プロデュースによる鈴木あみの「BE TOGETHER」（一九八七年のＴＭ ＮＥＴＷＯＲＫがアルバム『humansystem』収録の小室の自作曲のカヴァー・ヴァージョン）とオリコンチャート初登場ランキング対決が行われ、第一位の「BE TOGETHER」に対して五位と惨敗を喫しますが、後藤真希《ごとうまき》加入後、初となった次作シングル「ＬＯＶＥマシーン」が爆発的なヒットとなり、モー娘。は一気に全国区的な存在になります。

一九九六年夏、安室奈美恵がアルバム『SWEET 19 BLUES』で日本中に旋風を巻き起こしていたのとほぼ同時期に、安室と同じく沖縄アクターズスクールの出身で、メンバー全員が当時小中学生だった四人組ダンス／ヴォーカル・ユニットＳＰＥＥＤがデビューしていました。大々的な宣伝の効果もあってＳＰＥＥＤはあっという間にスターダムにのし上がり、彼女たちの楽曲の作詞、作曲を手掛けていた伊秩弘将《いぢちひろまさ》（一九六三年〜）も一躍ヒット・プロデューサーになります。この年には、Ｅｖｅｒｙ Ｌｉｔｔｌｅ Ｔｈｉｎｇもデビューしています。作詞、作曲、編曲を務めていた五十嵐充《いがらしみつる》（一九六九年〜）は結成当初はメンバーでしたが、程なくプロデュースに専念することになります。また、サザンオールスターズの協力者として注目され、Ｍｒ．Ｃｈｉｌｄｒｅｎのプロデュースによって名を馳せた小林武史《こばやしたけし》（一九五九年〜）が、自身が作詞、作曲、編曲、プロデュースを手掛け、自身もメンバーだった（後に脱退）女性ヴォーカル・ユニットＭｙ Ｌｉｔｔｌｅ Ｌｏｖｅｒで前年デビューしており、大ヒットを連発していたのもこの時期です。小林は岩井俊二《いわいしゅんじ》監督の映画『スワロウテイル』で音楽監督を担当し、同作の主演を務めたＣｈａｒａ（一九六八年〜）をヴォーカルとする架空のバンド「ＹＥＮ ＴＯＷＮ ＢＡＮＤ」名義で出したシングル「Swallowtail Butterfly 〜あいのうた」でもヒットを飛ばしていました。

このように小室哲哉の全盛期には、彼以外にも楽曲の全工程とアーティストの音楽性を一手に担当する「プロデューサー」という職種が非常に注目され、もてはやされていました。そして、モーニング娘。のプロデューサーであるつんく（一九六八年〜）も、この流れで浮上してきたと言えます。そもそも『ＡＳＡＹＡＮ』の番組企画自体が、鈴木あみやｄｏｓを世に送り出した小室哲哉プロデュースに続いて、シャ乱Ｑがプロデュースする「女性ロックボーカリスト」を選ぶ、というものでした。シャつんく♂はモー娘。の作詞、作曲、プロデュースによって、シャ乱Ｑとして成し得た以上の名声を獲得します。そしてモー娘。から幾つものスピンアウト・ユニットや姉妹ユニットが派生していって、やがて「ハロー！プロジェクト＝ハロプロ」という巨大な女性アイドル集合体へと成長したことは、周知の通りです。

TK時代の終わりの始まり

「ＬＯＶＥマシーン」でモー娘。が完全ブレイクを果たした翌年の二〇〇〇年初頭、筆者は小室哲哉とつんく♂に連続してインタビューする機会に恵まれました。小室にはそれ以前にもインタビューしていましたが（鈴木あみのオフィシャル・インタビューをやったこともあります）、つんく♂に会うのはこの時が初めて、この時一度きりです。雑誌「ＳＷＩＴＣＨ」の「さようなら歌謡曲」という特集の一環で、小室の取材はｇｌｏｂｅのコンサートがあった博多で行いました。この二人のインタビューは、現在は筆者による特集の巻頭言と併せて『ソフトアンドハード』という本に収録されています。

その巻頭言の冒頭で、筆者はまず「ＴＫ（小室哲哉）vs.つんく♂」という対立軸を提示して、こんなことを書いています。

ところで、これが少し前なら、この図式は「ＴＫ vs. 伊秩弘将」であり、その更に前ならば、「ＴＫ vs. 小林武史」であったかもしれない。（中略）いささか穿った見方をするなら、「ＴＫ vs. 坂本龍一」という構図も考えられる。だが、片方の「ＴＫ」という極だけはずっと変わらない。少なくとも、ＴＲＦと安室奈美恵がブレイクした九〇年代半ば以降は、片側の極だけは、常に同じく「ＴＫ」なのだ。

ＴＫのこの持続力は、一体何なのか？　もちろん僕は、この問いに対して、音楽的な、マーケティング的な、社会学的な、その他何でもいいけれど、とにかくきちんとした説得力を持った（かに装った）答えを提出するつもりなどないし、そもそもそんなことが可能だとも思っていない（そういうことをやっている人はけっこういるが、皆、バカか嘘つきだと思っている）。

ただ、まず確実に言えることは、もはやＴＫは、その功罪を云々しても何の意味もないような、いわばある種の「前提」として置かれるような存在として、そこにいる、いや、ここにあるのだということである。「前提」でも「風景」でも、あるいは「環境」でもいいのだけれど、ともかくＴＫは、この日本の音楽／シーン／産業に、ほとんど完全に浸透してしまっていて、それはすでに不可分なのだと考えてみないと、何も始まらないのではないかと思うのである。

（「コムロからつんく♂へ」『ソフトアンドハード』）

いささか気負った青臭い文章ですが、二十年以上も昔なので、どうかご容赦を。ともあれここには、二〇〇〇年頭の時点での筆者のニッポンの音楽への状況認識が、明確に露出しています。この時はまさか、この特集の後、急速に「ＴＫの時代」が終わりを告げてゆくとは（というよりもすでに「終わり」が始まっていたとは）思ってもみませんでした。

つんく♂とのインタビューには、こんなやりとりがあります。

――それまでは、ある種の特殊な音楽のスタイルを導入した音楽というのは、それを専門的に聴いている人だけが分かるようなマニアックなくすぐりか、あるいはあからさまな「そのまんま」に片寄っていたわけです。「サマーナイトタウン」におけるラテンだけではなく、その後のハウスやディスコなどのクラブ・ミュージック的なもののつんく♂さんの導入の仕方というのは、その種の音楽を聴き込んでいる人も唸らせる部分と、それだけにとどまらない非常に明確なポップさみたいなものを両方持っていて、それは相当計算しないとできないんじゃないかと思ったんですよ。

つんく♂　たとえば日本のどこかでラテンバンドがライヴするとなった時に必ず日本でゲストに呼ばれる人とかいるじゃないですか。Ｊ－ＰＯＰで結局ラテンのものを作ろうとした時に、アレンジャーとして迎えたそういう人がいかに面白がってやってくれるかという環境を作ることが大切なんですよね。そういう人がモーニング娘。の音楽を本気で作っている。それまでアイドルものとかポピュラーなものなんて言うと、みんな斜に構えちゃって、「こんなふうなことやっとけばウケるんじゃないの」という考え方で音を作ることが多かったんですよ。でも僕はそういうのではなくて、そのものズバリを作りたいんですよ。でもどんなにそのものズバリを作ったとしても、女の子の声がパッと入ってきて、日本人が歌ったら日本の邦楽になっちゃうわけだから、なんとか風だとかなんとかスパイスを効かせるとかじゃなくてズバリを作ってくれって。そこまでやってようやく、こう、抜け出すっていうかね。それが、日本のきちんとラテンを知っている人達が「ちゃんとラテンしてるじゃん」て思ったり、他とひとつなんか違う味を出せたというか、そういうことだと思うんですよ。

（前掲書）

この発言からは、「幕間」で述べた「Jポップ」の誕生のエピソードや、「渋谷系」の物語ともまた違った、だが間違いなく根を同じくする感覚が透けて見えます。では、小室哲哉は、どんなことを話していたのでしょうか？　インタビューの始めには、TMNETWORK時代のことを聞いています。

小室　TMネットワークは、やっぱり八〇年代、YMOという大きな存在があったからこそ結成することのできたユニットだと思います。彼らの活動を見ることで、自分達で何となく漠然としていたイメージを形にできたと思うからです。非常に少ない人間、本当にコンパクトなプロダクツで、制作の現場を作りたくて、それができるんだということが分かったグループだったんですよ。YMOがとうとう解散という形になった年がTMネットワークのデビューだったので、ちょうど最後のコンサートの頃はまだレコーディングをしていたんですが、プロになって、YMOでさえ、という言い方が一番いいと思うんですが、スタジオミュージシャンであったり、作家という意味では結局彼らは三人とも作曲家だったりするわけで、細野さんを代表するように日本の音楽業界のいろいろなポジションにいたんだということが分かってきたんですね。それまで彼らは僕達が聴いている洋楽のような世界の人だと勝手に思っていたんですよ。でも歌謡界や日本のレコード会社、芸能、プ《ママ》ロダクションとは無縁なのだというイメージは彼らの活動をより知ることで随分変わって、非常に密に、それこそ歌謡曲と呼ばれている部分の中枢にいる人達であるということ、彼らもその中で重要な役目をこなしていて、歌謡曲というものをハイブリッド化させているということ、それを知ったんです。もちろん筒美京平さんや松本隆さんがやっていらっしゃったこととも近いと思うのですが、その事実は非常にある種のカルチャーショックだったんですよね。（前掲書）

小室哲哉によるＹＭＯ論としても、「Ｊポップ」前夜の物語としても、とても興味深い発言だと思います。そしてインタビューの後半では、こんな対話が交わされています。

——今の日本のマーケット、たとえばオリコンのベスト10って非常に錯綜してると思うんですよ。ジャンルも売り出し方もバラバラの人が一〇人並んでるという状況ですよね。小室さんには、こんな現在の日本の音楽シーンはどんなふうに見えているのでしょうか。

小室　これは僕の主観ですけど、ビルボードのベストテンときっと変わらないんじゃないかと思いますね。ビルボードのベストテンも何週見てもジャンル別にしたら一〇種類は入っているような状況ですから。別にアメリカに何もかも当てはめる必要はないのですが、日本はここが違うよ、というようなことはないですね。一位がアイドル、二位がラッパー、三位がヒップホップ、四位が大御所、とか。大御所というのはロックとかそういうことで。一〇人一〇曲あったら、一〇組のジャンル、年齢、あらゆるものが交錯しているわけだから。

――つまりある種、それが普通なんだ、というか、ようやく日本の音楽シーンも、言ってみれば成熟したということなのでしょうか。成熟した状況だからこそ、ごちゃごちゃに見える。

小室　僕はそういう世界に入ってきたんじゃないかなと思いますよ。そういう意味では、歓迎か歓迎じゃないかと言えば、歓迎ですね、今のチャートというのは。誰もが、どのジャンルであろうとベストテンに入れる可能性がある、年齢問わずに。今のチャートにはそういうフレキシビリティみたいなのがあると思うんですよ。

（前掲書）

「アムラー」市場を引き継いだ浜崎あゆみ

安室奈美恵の不在の一年から一年経った小室哲哉は、まだまだ意気軒昂《けんこう》としていました。しかしここで言われているような理想的な活況を、その後の「Ｊポップ」が呈していったのかと言えば、やはりそうではなかったと言わざるを得ないと思います。そして小室自身も、ＴＫからつんく♂へと時代の重心が移りつつあることに、まだ気づいていないように思えます。

話を戻して、安室奈美恵が開拓した「アムラー」的なマーケットを引き継いだのは、言うまでもなく浜崎《はまさき》あゆみ（一九七八年～）です。彼女は、それ以前からタレント活動をしていましたが、シンガーに転向して、一九九八年四月にファースト・シングルを出します。これも安室不在の年の出来事です。所属レコード会社が安室と同じエイベックスなので、実際にドル箱の後続として白羽の矢が立てられたのかもしれません。デビューしてすぐにヒットしたわけではありませんでしたが、翌年の一九九九年一月一日、つまり安室が紅白で二度目の「CAN YOU CELEBRATE?」を歌って復帰した一日後にファースト・アルバムをリリース、これがオリコン・チャートで一位となり、スターダムに躍り出ます。アムラーの更に下の世代のティーンの女の子たちから絶大な支持を受け、彼女はカリスマ的な存在になっていきました。

浜崎あゆみに限らず、安室奈美恵の休業を機に、彼女に成り代わるような女性ソロ・シンガーをデビューさせる動きが多々見られます。たとえば椎名林檎《しいなりんご》（一九七八年〜）も一九九八年の五月にデビューしています。やはりデビュー時はさほど注目されませんでしたが、同年九月にファーストとは大きく路線を変えたセカンド・シングル「歌舞伎町の女王」を発表して、これが話題になります。彼女は「渋谷系」に対抗して「新宿系」を標榜していました。そして九九年一月のシングル「ここでキスして。」、二月のファースト・アルバム『無罪モラトリアム』が大ヒットを記録します。他にもＭＩＳＩＡ（一九七八年〜）や小柳《こやなぎ》ゆき、倉木麻衣《くらきまい》（共に一九八二年〜）などが、九八年から九九年にかけて相次いでデビューしています。彼女たちはいずれも、安室奈美恵の不在から宇多田ヒカルの登場という流れの中から出て来た存在だと考えられます。

歯止めの利かない下降曲線へ

そろそろ「小室系の物語」を語り終えなくてはなりません。ＴＫブームの頂点にあった頃の小室哲哉と、彼をめぐる諸状況は、後から思うとほとんど狂気の沙汰と言ってもいいくらいの凄まじさでした。小室はその狂騒の季節が始まる一九九五年の春からフジテレビの深夜に放映されていた『TK MUSIC CLAMP』という音楽番組で、トークホストを務めていました。

この番組には、小室系のアーティストも勿論多数出演していますが、坂本龍一、小沢健二、小山田圭吾、ピチカート・ファイヴ、つんくが、折々の機会に出演しています。一九九九年五月三十一日放送回のゲストは坂本龍一で、これは明らかにGEISHA GIRLS『THE GEISHA GIRLS SHOW ～炎のおっさんアワー』のリリースに合わせた出演でした。「TK MUSIC CLAMP」でのトーク内容は後に書籍化もされていますが（『With t 小室哲哉音楽対論』）、現在もフジテレビのホームページ内のアーカイヴで読むことができます。十年ぶりぐらいの再会だという話から始まり、リラックスしたムードで二人の対話は進みます。共作したGEISHA GIRLSの「炎のミーティング」についても語っています。

興味深いのは後半の話題です。坂本は小室が日本の音楽にもたらしたものについて、こう意見を述べます。


TM時代からこう、ヒット曲作ってきて、ある種その、なんていうのかな？ 日本人の耳をね、教育しちゃったとこがあって。あの、まあ、僕なんてちょっと困るところもあるんだけど、教育されちゃうと。あの、なんていうのかな？　小室流のメロディ・ラインとか、まあ、転調とかアレンジも含めて、そのビート感も含めて、あの、なんていうのかな？　先生としてこう、教育しちゃったから、その、ある層をね。だからそれに引っ掛かるようなパターンを出すと、必ず売れるっていう現象が今起こってると思うわけ。この10年ぐらいで、そういう教育活動やってきたんじゃないの？

「教授」が小室を「先生」と呼んでいるのも面白いですが、坂本龍一は別の機会にも同様の小室論を口にしており、ここに微妙な対立の芽があるらしいことがうかがえます。実際、この後のトークでは、やや尖《とが》った応酬もあるのですが、しかし最終的に二人は、意気投合とまでは言わないまでも、ある一点において意見の一致を見ます。それは、自分たちのように、節操なく雑食的に、貪欲《どんよく》に音楽を聴くマニアックな姿勢が、最近のミュージシャンにはあまり見られなくなってきた、という認識です。

坂本龍一と小室哲哉は六歳違い、実はそれほど年の差はありません。とはいえもちろん、二人がこの時点までに過ぎ越して来た経験は、やはりかなり異なっていた筈です。けれどもしかし、こと音楽マニア、洋楽マニア、リスナー型ミュージシャンという意味では、二人は同じカテゴリに属していたのです。そしてそれは、いまや稀少種になりつつあるのだと、二人は微かな嘆きと自嘲を込めつつ、和やかに語り合っています。

ここで忘れてはならないのは、この時、渋谷系はまだまだ盛り上がっていたということです（それは彼らも同じ番組に呼ばれていたことからもわかります）。一九九五年には、一月十七日に阪神淡路大震災が、三月二十日にオウム真理教による地下鉄サリン事件が起きていました。八〇年代の残滓《ざんし》と反響がまだ残っていた九〇年代前半は終わり、ニッポンはこのディケイドの後半戦、そして世紀末へと向かっていました。

一九九八年は、「Ｊポップ」という言葉を生み出したとされるＪ－ＷＡＶＥの開局から十年目です。この年は日本の音楽史上、最高のＣＤ売り上げ枚数を記録した年であり、安室奈美恵が居なかった年でもあります。これ以後、この国の音楽産業は、それまでの桃源郷から反転して、歯止めの利かない下降曲線に陥っていきます。そして小室哲哉はといえば、ゼロ年代を通してその存在感を急激に減衰させてゆき、九八年から更に十年後に当たる二〇〇八年、五億円の詐欺容疑で逮捕されることになるのです。

長年の盟友であるエイベックスの松浦勝人による支援もあり、現在はミュージシャン／プロデューサー業に復帰し、往年に劣らぬエネルギッシュな活動を見せていますが、残念なことに、たとえ小室哲哉が還ってきたとしても、もはやニッポンの音楽の方が変わってしまっていたのでした。

第四章　中田ヤスタカの物語

オールインワン型の完成形

「ニッポンの音楽」の物語、ゼロ年代の主人公の名前は、中田《なかた》ヤスタカ（一九八〇年〜）です。彼は一九九七年、まだ高校生の時に、同じ地元（石川県金沢市）で同い年のこしじまとしこと、デュオ・ユニット「ｃａｐｓｕｌｅ」を結成して、音楽活動を開始しました。ｃａｐｓｕｌｅは二〇〇一年三月、マキシ・シングル「さくら」でCDデビューしています。最初期にこしじまが数曲の歌詞を書いたことがありますが、ｃａｐｓｕｌｅの楽曲は、そのプロデュース作全てと同様、作詞―作曲―編曲―演奏―録音―ミックス―マスタリングに至る全プロセスを、中田ヤスタカが一人で行っています。彼こそは「オールインワン型プロデューサー」の完成形と言えるでしょう。彼は小室哲哉以上に、エンジニアやアシスタントの助力をまったく借りずに、一個の曲を、一枚の作品を、ゼロの段階から完パケ（完全パッケージ。そのまま商品にできる状態）まで持っていけるサウンド・クリエイターです。

中田ヤスタカのような存在が登場してきたのは、もちろんテクノロジーの寄与によるところが大です。九〇年代後半以降のデジタル・オーディオ技術の進化はまさに日進月歩であり、とりわけパソコンに搭載できるデジタル・オーディオ・ワークステーション（DAW）Pro Toolsの登場は、音楽制作を根本から変えてしまうほどの画期的な出来事でした。筆者も深くかかわった「ポスト・ロック」と呼ばれる九〇年代後半の米英での音楽動向においても、その中心的なバンドだったアメリカ、シカゴのバンド「トータス」が、ドラマーでエンジニアも兼ねるジョン・マッケンタイアがレコーディングにPro Toolsを導入して、その可能性を鮮やかに示した傑作アルバム『TNT』を一九九八年に発表し、それ以後、プロデューサーとして引っ張りだこになるといった現象が起きていました。

デジタル・オーディオの技術革新の波は、音（楽）作りの基盤をハードウェアからソフトウェアへと急速に移動させていきました。中田ヤスタカは、ヴォーカルを除けば彼のパソコンにインストールされた種々のソフトのみで音楽制作を行っています。楽器の音も基本的に全てサンプリング音源で鳴らされているので、スタジオ・ミュージシャンも必要ありません。先ほど「作曲―編曲―演奏―録音―ミックス」と記しましたが、この順列は従来のレコーディング・プロセスに則ったものであり、DAW以降の音楽はデスクトップミュージック（DTM）と呼ばれ、こうした作業を同時に、どこまでが作曲でどこからが録音か分けられないような渾然《こんぜん》一体となったやり方で制作されるようになりました。DTMは、音楽のワークフローを完全に一新してしまったのです。

ピチカート・ファイヴの亡霊

capsuleは、楽器/機材メーカー老舗大手のヤマハ傘下のレーベルに所属し、コンスタントにシングル/アルバムのリリースを続けていきますが、ゼロ年代の後半までは、かなりマイナーと言っていい存在でした。デビュー曲「さくら」は、そもそも曲名からして中田ヤスタカのイメージらしからぬものですが、曲調も現在とはまったくと言っていいほどに違っています。あからさまに和風のイントロから始まって、どこか小林武史風なメロディを、まだ加工されていないこしじまとしこのヴォーカルが歌い上げています。

この曲を含むcapsuleのファースト・アルバム『ハイカラ・ガール』は二〇〇一年十一月にリリースされていますが、収録曲は「さくら」に限らず全体的に非常に「Jポップ」的です。曲としてはどれもかなり良くできているのですが、個性という面からすると、これでは埋没してしまうだろう、と思える仕上がりです。中田ヤスタカ自身もそう思ったのかどうかはわかりませんが、二〇〇二年八月の次のシングル「music controller」は『ハイカラ・ガール』とは大分サウンドが変わっていて、打ち込み感、エレクトロ・ポップ感がぐっと増しています。サビの部分で「恋の病に気づいたのなら／そういう時にカプセルがある」とユニット名が繰り返されることからも、心機一転の気持ちがあったのかもしれません。この頃からヴォーカルへの加工処理が始まっていますが、まだ生声の割合の方が多いです。

ところが「music controller」の僅か三ヶ月後にリリースされた次作「プラスチックガール」、そして翌年の二〇〇三年三月のアルバム『CUTIE CINEMA REPLAY』では、誰が聴いてもすぐにわかるほどにピチカート・ファイヴの影響が濃厚なサウンドに変貌していました。ピチカートっぽさは「プラスチックガール」、アルバムからシングル・カットされた「キャンディーキューーティー」のヴィデオからもありありと窺えます。筆者はこの頃、深夜のテレビでこのヴィデオを観て、かなり戸惑ったことを覚えています。そしてそれがｃａｐｓｕｌｅというユニットとの出会いでした。ピチカート・ファイヴは二年前に解散しているのに、なんだかその亡霊が現れたかのような奇異な印象を抱いてしまったものです。

その八ヶ月後に早くもリリースされた次作のアルバム『phony phonic』も、やはり渋谷系的なフレイヴァーが満載の作品になっていました。中田ヤスタカは、ピチカート・ファイヴがデビューした年はまだ五歳、十七歳でｃａｐｓｕｌｅを始めた一九九七年は野宮真貴時代の最盛期です。面白いのは、この頃のｃａｐｓｕｌｅが、音楽／映像センス両面において、九〇年代のピチカート・ファイヴのみならず、最初期の「オードリィ・ヘプバーン・コンプレックス」にも影響されているように思えることです。その時点でのピチカート・ファイヴの音は打ち込みのテクノポップ調でした。

この頃にも曲としてはすぐれたものがありますが、そのまま行っていたら、ｃａｐｓｕｌｅは周回遅れの渋谷系、ピチカート・ファイヴの劣化コピー的な評価で終わっていたかもしれません。しかし中田ヤスタカは、ここからまたスタイルを変えていきます。二〇〇四年六月リリースの『S.F. sound furniture』、その八ヶ月後の二〇〇五年二月の『NEXUS-2060』では、タイトルにもあるようにＳＦ的／未来的なイメージを強く打ち出してきます。まだピチカート～渋谷系的なフレイヴァーはあちこちに残っていますが、何よりも音の手触りが違ってきていることが、聴いていてわかります。以前よりも無機質なデジタル感を前面に押し出しながらも、ポップなウェットさとでも呼ぶべき独特のムードが滲んできているのです。そして七ヶ月後に矢継ぎ早に出された六枚目のアルバム『L.D.K. Lounge Designers Killer』で、ｃａｐｓｕｌｅ＝中田ヤスタカは、現在にまで連なる音楽性を、ほぼ探り当てます。

Ｐｅｒｆｕｍｅの快進撃

このように試行錯誤の連続とも思えるｃａｐｓｕｌｅの歩みは、彼自身のユニットと並行して中田ヤスタカが手掛けていた、あるプロジェクトの歴史と突き合わせることで、幾つかの推論を得ることができます。それはもちろん、彼のプロデューサーとしての評価を決定付けた女性三人組「Ｐｅｒｆｕｍｅ」です。

Ｐｅｒｆｕｍｅのメンバーは「あ～ちゃん」こと西脇綾香《にしわきあやか》（一九八九年～）、「のっち」こと大本彩乃《おおもとあやの》、「かしゆか」こと樫野有香《かしのゆか》（共に一九八八年～）、三人とも広島出身で、アクターズスクール広島で出会い、新世紀が始まった頃にＰｅｒｆｕｍｅとしての活動を開始しました。結成当初は路線も定まらず、旧来のアイドル的なスタイルを取っていましたが、二〇〇三年八月にリリースしたインディーズ・レーベルからのファースト・シングル「スウィートドーナッツ」で中田ヤスタカをサウンド・プロデューサーに迎え、テクノポップ的なサウンドに転向します。二〇〇四年三月の「モノクロームエフェクト」、同年九月の「ビタミンドロップ」は、いずれも八〇年代を彷彿とさせるピコピコしたテクノポップになっています（「スウィートドーナッツ」

のカップリングでは、テクノポップ・ユニットの草分けジューシィ・フルーツの名曲「ジェニーはご機嫌ななめ」がカヴァーされています）。ちょうどこの時期はｃａｐｓｕｌｅが渋谷系〜ピチカート・ファイヴ的サウンドに傾倒していた時期です。中田ヤスタカはｃａｐｓｕｌｅとＰｅｒｆｕｍｅで別々の試みをしようとしていたのかもしれません。

Ｐｅｒｆｕｍｅのメジャー・デビュー曲は、二〇〇五年九月リリースの「リニアモーターガール」です。ｃａｐｓｕｌｅの『L.D.K. Lounge Designers Killer』と同日発売でした。この頃ようやく、中田ヤスタカは自分の方法論に確信を抱くに至ったのではないかと筆者には思えます。それはインディーズ時代のＰｅｒｆｕｍｅの八〇年代テクノポップ的レトロ・フューチャリズムとも、同時期のｃａｐｓｕｌｅにおける渋谷系の再生産とも異なる、しかしそれらも踏まえた上での、ゼロ年代半ばならではのテクノロジカルで近未来的なサウンドでした。

続くシングルは「コンピューターシティ」。この曲から全曲、歌詞も中田ヤスタカが書くようになります（それ以前は中田ヤスタカの専門学校時代の同級生だった木の子が担当）。ここでオールインワンプロデュースが完成したわけです。更に「エレクトロ・ワールド」と、タイトルからして如何にも近未来的なシングルを連発後、二〇〇六年八月にそれまでのリリース音源とビデオをＣＤ＋ＤＶＤの二枚組に収めた『Perfume～Complete Best～』を一万枚限定でリリース、すぐに売り切れて翌年のバレンタインデイに通常盤が発売されました。そしてそれと同時に、ニュー・シングル「ファン・サーヴィス［sweet］」がリリースされます。Ｐｅｒｆｕｍｅのブレイクの導火線に火が付いたのは、この時です。このシングルには名曲「チョコレイト・ディスコ」が収録されています。この曲のヴィデオが話題となる中、次のシングルとなる「ポリリズム」がリリース前からＮＨＫと公共広告機構（現・ＡＣジャパン）のキャンペーン・ソングとしてオンエアされ、Ｐｅｒｆｕｍｅ自身がＣＭに出演、その効果は絶大で、発売されるや「ポリリズム」はオリコンベストテンに入るヒットとなり、ここからＰｅｒｆｕｍｅの快進撃が始まることになります。

二つのユニットの方向性

話をふたたびｃａｐｓｕｌｅに戻します。この頃の彼らのリリース・ペースは尋常ではありません。『L.D.K. Lounge Designers Killer』から八ヶ月後の二〇〇六年五月、アルバム『FRUITS CLiPPER』を発表します。この作品から、日本のポップ・ミュージックとしては珍しいほどに本格的なクラブ／ダンス・ミュージックの要素が、大胆に取り入れられてゆきます。また、このアルバム以後、彼らの曲名は全て横文字のみになります。デビュー曲からの三作が「さくら」「花火」「東京喫茶」だったことを思うと、同じアーティストとは思えない変化と言えます。続くアルバム、二〇〇七年二月、Ｐｅｒｆｕｍｅの「ファン・サーヴィス」『Complete Best』の一週間後にリリースされた『Sugarless GiRL』のタイトル・トラックは、極めてダンサブルでありながら、絶妙な哀感を帯びたメロディが非常に印象的な曲で、個人的にはのちのアルバム『PLAYER』収録の「Stay With You」と並ぶ、ｃａｐｓｕｌｅの最高傑作だと思います。

この年、ｃａｐｓｕｌｅは十月に初のセルフ・リミックス・アルバム『capsule rmx』を、十二月に早くも次なるアルバム『FLASH BACK』をリリース、一直線にクラブ・ミュージック路線を極めていきます。これは間違いなく、ヴォーカル・ポップ的な方向性はＰｅｒｆｕｍｅでやれるようになったからです。中田ヤスタカの中で、二つのユニットの作風の棲み分けが明確になったということだと思います。

「ポリリズム」でのブレイク後、Ｐｅｒｆｕｍｅはダブル A面シングル「Baby cruising Love ～マカロニ」を経て、遂にファースト・フル・アルバム『ＧＡＭＥ』をリリースしました。二〇〇八年四月のことです。このアルバムはオリコンのアルバムチャートで初週一位を記録、音楽ジャーナリズムからの評価もすこぶる高く、広島から出て来た三人の女の子は、金沢から出て来たひとりの若きプロデューサーの手によって、日本全国にその名を轟かせることになったのです。『ＧＡＭＥ』の嵐が吹き止まぬまま、Ｐｅｒｆｕｍｅは「love the world」「Dream Fighter」とスマッシュ・ヒットを連発し、複数の音楽フェスティバルに出演、二日に渡る日本武道館での公演も大成功に終えました（ちなみに小室哲哉が詐欺容疑で逮捕されたのは、この武道館公演の二日前のことです）。そして年末、Ｐｅｒｆｕｍｅは紅白歌合戦に初出場しました。もちろん歌ったのは彼女たちの運命を変えた「ポリリズム」でした（以来二〇二一年まで連続出場しています）。

海外進出を見据えた「アーティスト」

二〇〇九年以降、Ｐｅｒｆｕｍｅは、シングルを数ヶ月ごとにリリースし、曲が溜まったところでアルバムを発表するというメジャー・デビュー以来のスタイルを守っていきます。二〇〇九年七月にセカンド・アルバム『⊿（トライアングル）』、二〇一〇年は三枚のシングルのみでアルバム・リリースはありませんが、東京ドームでの初コンサートを成功させています。二〇一一年十一月にサード・アルバム『ＪＰＮ』

をリリース、明けて二〇一二年は、オリジナル・アルバムこそ発表されていませんがPerfumeにとっては更なる飛躍の年となりました。

二月にレコード会社をメジャー・デビュー以来所属していた徳間ジャパンコミュニケーションズからグローバル資本のユニバーサルミュージックの日本法人、ユニバーサルJに移します。海外進出を見据えた移籍であることは明白で、この頃から積極的に海外向け配信リリースを行っていきます。九月には徳間ジャパン時代の音源からセレクトされた『Perfume Global Compilation "LOVE THE WORLD"』をリリース、その後、初のアジア・ツアー（台湾、香港、韓国、シンガポール）を敢行。二〇一三年にはヨーロッパ・ツアー（ドイツ、イギリス、フランス）も行っており、約二年ぶりとなるアルバム『LEVEL3』が、同年十月にリリースされました。以後はシングルのみで、二〇一六年までアルバムのリリースはありません。二〇一四年秋には台湾、シンガポール、ロサンゼルス、ロンドン、ニューヨークの五都市公演が開催されています。

二〇一四年までに発表されたPerfumeのアルバム『GAME』『⊿』『JPN』『LEVEL3』は、どれを取っても、ゼロ年代以降、Jポップに急激に増えた既発シングルの寄せ集め的なアルバム作りとは一線を画した、一枚の作品としての高い完成度と、アーティスティックなこだわりの感じられるものになっています。それはシングルにおいても同じで、大きなフレームでは「Ｐｅｒｆｕｍｅらしさ」「中田ヤスタカらしさ」をしかと守りつつも、一枚ごとに曲調やスタイルにリスナーを飽きさせない変化や新味を持たせています。その結果、Ｐｅｒｆｕｍｅは地方アイドル出身でありながら、ゼロ年代末頃から顕在化し、テン年代に入ってますます加熱してきたアイドル・ブームとは完全に隔絶した、紛れもない「アーティスト」としてのポジションに至りました。それ以降も、どちらかといえばマイペースで、独自のポジションを維持しつつ、現在に至っています。

彼女たちがこれほどの人気と評価を得たのは、もちろん中田ヤスタカのサウンド・プロデュースだけではなく、三人のメンバーのキャラクター、ルックス、そしてとりわけダンサーとしてのスキルとセンスが強く作用しています。音のイメージに合わせて、他の／従来のアイドルのように笑顔をふりまいたりすることなく、どちらかといえばクールな（無機質な）表情のまま、アンドロイドのように精確無比にめまぐるしく踊る＝駆動するＰｅｒｆｕｍｅの姿は、ヴィジュアル的な強度の訴求力を持っています。近年のライヴ・パフォーマンスでは、気鋭のメディア・アーティスト集団Ｒｈｉｚｏｍａｔｉｋｓ（ライゾマティクス）による斬新な映像も話題になりました。

Ｐｅｒｆｕｍｅというアーティストにとっては、今やリリース音源と、ステージ及びそれをパッケージ化した一連のライヴ・ビデオ作品は、同じくらい重要な要素になっていると言えます。

「Ｊポップ」に包含された邦楽内洋楽

Ｐｅｒｆｕｍｅのサクセス・ストーリーと並行して、中田ヤスタカ自身のユニットであるｃａｐｓｕｌｅもキャリアを積み上げていきます。『ＧＡＭＥ』の約半年後、二〇〇八年十一月にアルバム『ＭＯＲＥ！ ＭＯＲＥ！ ＭＯＲＥ！』をリリース。ますますアッパーなクラブ／ダンス路線を突き進みます。二〇〇九年は（おそらくＰｅｒｆｕｍｅのリリースが相次いだため）新作はありませんが、初のベスト・アルバム『ＦＬＡＳＨ ＢＥＳＴ』が出ています。二〇一〇年三月に一年四ヶ月ぶりとなった『ＰＬＡＹＥＲ』を発表、近年の彼らとしては珍しいミディアム・テンポの曲も含まれており、前にも触れたｃａｐｓｕｌｅ屈指の名曲（と筆者が思う）「Stay With You」を冒頭に据えた、ポップネスとクラブサウンドが絶妙なバランスで溶け合った傑作アルバムです。

二〇一一年はｃａｐｓｕｌｅとしてＣＤデビューしてから十年目の年でした。アルバム『WORLD OF FANTASY』が発表されています。全曲BPM（Beat Per Minute：曲のテンポを示す単位）が標準的なダンス・ミュージックよりほんの少しだけ遅い128に統一されており、完全クラブ仕様と言える作品でした。この『WORLD OF FANTASY』は、現在までのところcapsuleが最も好セールスを上げたアルバムとなっています。続く二〇一一年三月リリースの『STEREO WORXXX』は『WORLD OF FANTASY』にヴァリエーションを持たせつつ（たとえばトライバルなビートが導入されています）、更に展開した印象のアルバムです。この二枚は全曲英語で歌われていることもあり、もはや耳で聴いただけだと絶対にニッポンの音楽とは思えない作品に仕上がっています。

これは三十数年前にフリッパーズ・ギターがアルバム一枚通して英語で歌っていたのと、同じですが違います。すでに邦楽内洋楽は「Jポップ」に包含されていたのです。このアルバムの後、capsuleはレコード会社をワーナーミュージック・ジャパン傘下のunBORDE（アンボルデ）に移籍して、ユニット名を大文字のCAPSULEに改称、二〇一三年十月にPerfumeの『LEVEL3』に三週間遅れてアルバム『CAPS LOCK』を発表しているのですが、この作品にかんしては、後で述べることにします。

ヴォーカルの加工

中田ヤスタカの、特にPerfumeにおけるサウンド・プロダクションの特徴として挙げられることが多いのは、何と言ってもヴォーカルの加工です。三人のメンバーの歌声は基本的に全てデジタル・エフェクトが施されており、よほどのファンでなければ誰がどのパートを歌っているのかわからないようになっています。一聴して誰もが気づくその特殊さ、奇抜さに最初は違和感を持つリスナーも居たと思われますが、中田はこの手法を手放すことなく、最終的にはむしろPerfumeの個性として受け止められることになりました。彼はcapsuleの初期から声の加工は行っていましたが、そのユニークさ、斬新さが全面開花したのはPerfumeによってでした。

この加工処理は主にオートチューン（Auto-Tune）等のソフトウェアによって行われています。オートチューンは本来は音程（ピッチ）を補正するためのソフトですが（実際に歌唱力に難のあるシンガーやアイドルに使われています）、設定やパラメーターをいじることによって生声の極端な変形が可能です。この効果に目をつけたアメリカのヒップホップやR&Bのアーティストたちがオートチューンで自らの声を変形した楽曲を発表し、ゼロ年代半ばに話題となりました。その代表的な作品は、Ｔ－ペインが二〇〇五年にリリースしたデビュー・アルバム『Rappa Ternt Sanga』です。オートチューン自体は九〇年代半ばからある技術なので、もちろんＴ－ペイン以前にも、ハウス／テクノ／エレクトロのアーティストが、折々の機会に使用してきました（ダフト・パンクなど）。そして「人間の声を機械化する」という意味では、テクノロジーは異なりますが、オートチューンは八〇年代のＹＭＯやそれ以前のクラフトワークが使っていたヴォコーダーにまで遡ります。このようにオートチューンの流行は世界的な現象であり、また声の加工という方法論自体はそれなりに長い歴史を有しています。

初音ミクとボカロＰ

しかし筆者は、どうしてＰｅｒｆｕｍｅにおける中田ヤスタカのオートチューン使いが、あれほど受けたのかという点にかんしては、また別の見方を持っています。「ポリリズム」がリリースされたのは二〇〇七年九月、これとほぼ同時期に、クリプトン・フューチャー・メディアから、ヤマハの音声合成システム「ＶＯＣＡＬＯＩＤ」のヴォーカル音源ソフトとして「初音ミク」が発売されています。ヴォーカロイドは文字通り「声」をゼロから作り出し歌わせることのできるＤＴＭ技術ですが、初音ミクが画期的だったのは、そのソフトに女性の名前を付け、キャラクター化したことでした。初音ミクの歴史について詳しく繙く余裕は本書にはありませんが、やはりサービス開始されて間もなかったニコニコ動画を揺り籠として、初音ミクは単なる音声合成ソフトをはるかに超えた「キャラクター」としての過激な成長を遂げてゆくことになりました。

彼女の存在は巷に知れ渡り、数々のタイアップが発売され、ふと気づけば日本政府が推進する日本文化の海外向けプロモーション「クール・ジャパン」の一員に抜擢されるなど、全国区どころか国際的な存在になっていたのです。ブームのピークは過ぎた感もありますが、字義通りの意味でのヴァーチャル・アイドルが、これほどの人気を得たということは、ゼロ年代後半以降の日本のカルチャー／サブカルチャーにおける極めて重大な事件だったと言っていいでしょう。

初音ミクを使って、沢山のアマチュア／セミプロ／プロのサウンド・クリエイター（ボカロＰと呼ばれます）たちが、自らの楽曲を彼女に歌わせて、ニコ動で発表し、そこで大人気となった、いわゆる「ネ申《神》曲」のボカロＰたちが、ネットを越えたスターになってゆくという現象が、一時期次々と起こっていました。ところで、彼らの歌姫である初音ミクのヴォーカルは、高度な最新技術によるものとはいえ、まだまだ本物の「人間の声」とはやはり似て非なるものです。むしろ、ミクの「声」がヒトの「声」に漸近《ぜんきん》しつつも決定的に異なっているという点こそが、ボカロＰたちの音楽的想像力のエンジンだったのではないかと思います。

「不気味の谷」の両側の歌声

ではここで、中田ヤスタカによるＰｅｒｆｕｍｅのヴォーカル処理のことを考えてみましょう。現実に存在する、ライヴやイヴェントに行けば生身の姿を見ることのできる三人の女の子の「声」は、デジタル加工によって人間らしさを剝《は》ぎ取られ、ロボットに、アンドロイドに、マシンに、ソフトウェアに、聴感上は近づけられています。しかしもちろん、それがもともと「人間の声」であることに疑いを入れる者はいません。つまりＰｅｒｆｕｍｅと初音ミクは、片や「人間から機械へ」、片や「機械から人間へ」と、同様のプロセスを正反対の側から逆さまに辿ってきて、良く似た「声」の状態に定位したのではないかと。このことは、Ｐｅｒｆｕｍｅの曲を初音ミクに歌わせたり、初音ミクの曲をＰｅｒｆｕｍｅが歌った場合を想定してみるとわかります。もちろん両者は違いますが、結果として「人間でも機械でもない、その中間の声」になっているという点では、いわば四人（？）は姉妹なのです。

ロボット工学に「不気味の谷」と呼ばれる有名な現象があります。人間が機械に抱く好き嫌いの感情を調べた実験に基づくもので、ロボットがその外観や挙動において、どんどんヒトに近づいてゆくとともに（ロボットは実際的にはヒト型である必然性はないわけですが）、人間のロボットに対する好感度も増してゆくが、それが完全にイコールに、すなわちロボットがヒトとまったく区別がつかないほどそっくりになってしまう直前になると、一挙に嫌悪感に転じる、この落ち込みのことを「不気味の谷」といいます。これは「声」についても言えるのではないでしょうか。また、逆のベクトル、ヒトがロボットに近づいてゆくプロセスにも「不気味の谷」は想定できるのではないでしょうか。

つまり、Ｐｅｒｆｕｍｅと初音ミクは、いうなれば「不気味の谷」の両側に居るのです。オートチューンのエフェクトをもう少し掛け過ぎてしまったら、Ｐｅｒｆｕｍｅの「声」は谷底に落ちてしまうか、それを越えたら今度は機械そのものになってしまう。初音ミクも、音声合成技術の行き着く先は「人間の声」そのものです。そこまでは行かず、絶妙なバランスで「谷」の手前に踏み留まることによって、彼女たちの歌声は、多くのリスナーの心を摑むことに成功したのだと思います。

そして中田ヤスタカは、このことを本能的にわかっていた。それは彼の「音」に対する鋭敏な感覚と、それゆえに音楽の全てを「音」の次元で思考する独特なスタンスによるものだと、筆者は考えます。

　中田ヤスタカは、インタビューや対談などで非常にしばしば、歌詞の内容や、言葉の要素を重視していないという意味の発言をしています。彼は確かに自身のプロデュース作のほぼ全部の歌詞を自ら書いていますが、だからといって特に「言いたいことがある」わけではないというのです。もちろん、これをそのまま受け取るわけにはいきません。実際には彼の歌詞には、とても印象的なフレーズが沢山あります。けれどもしかし、それはいわば結果なのであって（無意識や適当に選ばれた言葉にだって意味性は宿るので）、中田ヤスタカにとって「言葉」とは、まず第一に発される「声＝音」に属するもの、つまりサウンドの一部でしかない。

　ここで思い出されるのは、もちろんコーネリアスのことです。小山田圭吾もまた、言葉の要素、意味の要素、テーマやメッセージ的なものを重要視せず、歌＝声は基本的に音でありトーンでありリズムでしかないという考えを持っていました。この点において、小山田と中田はよく似ています。

　しかしこれは、楽曲の一要素である「音」として選ばれ配された「言葉」が、その内容とはまた別に、他とは取り替えの効かない決定的に重要なパーツであるということを意味しています。コーネリアスと同じく、中田ヤスタカもまた、あるひとつの曲をトータルな構築物として捉える、一種のホーリズム（全体論）的な考え方を持っています。つまり歌詞が僅かでも変わったら、その曲全体の効果も変わってしまうのです。これは彼が「オールインワン型」であること、パソコンの中だけでほぼ完結した音作りをしていることと、明らかに繋がっています。

第三の方向性、きゃりーぱみゅぱみゅ

ここまで中田ヤスタカの歴史を辿ってきましたが、プロデューサーとしての彼にとって、今やＰｅｒｆｕｍｅと並ぶ重要度を持った女性シンガーについて、まだ触れていませんでした。きゃりーぱみゅぱみゅ（一九九三年〜）です。ファッション・モデルとして活動し、中田ヤスタカがＤＪを務めるクラブ・イベントの常連客だったという彼女は、二〇一一年八月に、ミニアルバム『もしもし原宿』でメジャー・デビューしました。中田ヤスタカのトータル・プロデュースで、以後の全リリースも同様です。『もしもし原宿』のリード曲「ＰＯＮＰＯＮＰＯＮ」が話題になり、ユニークな名前とキュートなルックスも注目されていき、二〇一二年に入って出したファース

ト・シングル「つけまつける」がオリコンでベストテン入り、続くセカンド・シングル「CANDY CANDY」も売れて、ファースト・フル・アルバム『ぱみゅぱみゅレボリューション』で大ブレイクしました。

ファニーなファッションセンスやコケティッシュなキャラクターも相俟って、各種メディアにも頻繁に取り上げられ、あっという間に人気者になり、以後も中田ヤスタカのプロデュースの下、シングル・ヒットを続け、二〇一三年六月に『なんだこれくしょん』、二〇一四年七月に『ピカピカふぁんたじん』と、ほぼ一年ごとのペースでアルバムを発表して現在に至っています。

きゃりーぱみゅぱみゅにおける中田ヤスタカのプロデュース・ワークは、マニアックなクラブ／ダンス系エレクトロ・サウンドの capsule、最新型のテクノ（ロジー）ポップスを追求するPerfumeに続く、第三の方向性だと、ひとまずは言えます。「PONPONPON」「つけまつける」「CANDY CANDY」「ちゃんちゃかちゃんちゃん」「ふりそでーしょん」「にんじゃりばんばん」「インベーダーインベーダー」「み」「のりことのりお」「くらくら」「もったいないとらんど」「きらきらキラー」「ピカピカふぁんたじん」「ゆめのはじまりんりん」「こいこいこい」などなど、曲名を列挙してみるだけでもすぐにわかる平仮名や擬音や語呂合わせの多用は、他の二つのユニットとはまた異なる仕方で、中田ヤスタカが「音」としての「言葉＝歌声」の実験を行っていることを示しています。もちろんそれはきゃりーぱみゅぱみゅという特異なキャラクターに合わせて、ということなのですが、それにしてもこの振り切り方は過激とさえ言えます。

これはサウンドにも言えることで、きゃりーのサウンドには、ｃａｐｓｕｌｅとＰｅｒｆｕｍｅの両輪で時間を掛けて蓄えられてきたアイデアやスタイルが、彼女という素材にリサイズ／トランスフォームされつつ、極めて効果的に注ぎ込まれています。筆者は『ぱみゅぱみゅレボリューション』をはじめて聴いた時、これこそ中田ヤスタカの最高傑作だと唸ったものです。ある意味で、この作品は、Ｐｅｒｆｕｍｅの『ＧＡＭＥ』をも凌駕する完成度とインパクト、オリジナリティを兼ね備えている、そう思いました。

無限に遠ざかる「完成」

Ｐｅｒｆｕｍｅがインタビュー等で度々語っていることですが、彼女たちのレコーディングは基本的に、すぐに終了してしまうのだそうです。ヴォーカル以外は、中田ヤスタカが全てひとりでこなしているわけですし、その歌録りも、とにかく一度オーディオ・データに取り込んでしまえば、あとはオートチューン等によってどのようにでも調整／変形できてしまうのですから。中田ヤスタカは、自分には「デモ」という概念がほぼ存在していない、と語っています。もちろん「仮歌」とか「リハーサル」という概念も、彼には存在していていないと思われます。彼はひとつの楽曲を、ホーリスティックに造り上げる。それは完成の瞬間までは常に「進行中の作品」でしかないが、いきなり丸ごとでき上がるのです。そしてしかも、いったん「完成」とされた楽曲も、またその気になれば幾らでも改変／更新することが可能です。

このような音楽制作のあり方は、かつてＹＭＯを始めとする八〇年代の先進的で意識的な音楽家たちが夢見て、その時点での最新のテクノロジーにその夢を託そうとした果敢な試み／営みの数々、そこから始まった技術（論）的な音楽の追求の歴史の、ひとつの終着点だと思います。そして、言うまでもないことですが、ほとんど何でも可能になってしまったということは、ともすれば「完成」という状態が無限に遠ざかっていく可能性／危険性を秘めていることでもあります。むろん現実的にはスケジュールや納期という条件が頑として存在しているわけですが、それでもたった一曲を他者の耳に届けてもよいと作り手自身が判断／決定し得るまででさえ、ほとんど終わりなき作業になってしまいかねない。中田ヤスタカの音楽の異様な完成度は、このパラドックスを常に生きているからではないかと筆者には思えます。彼のようなワークフローにおいては、完成させ（られ）たということ自体が、大変な力業なのです。

「無かったものをアリにする」

それゆえに、というべきだと思いますが、彼自身のユニットであるｃａｐｓｕｌｅは、ある時期以降レコーディングにほぼ特化したユニットになっており、ライヴは行っていません。そもそも彼は基本的に、ほとんど表舞台に出てくることはなく、人前に姿を現す機会は、きゃりーぱみゅぱみゅとの出会いの場となったクラブでのＤＪくらいです。そればかりか中田ヤスタカは、最近はかなり改善されたようですが、どちらかと言えばメディア嫌い、インタビュー嫌いであり（実は筆者もヤマハ時代に何度か取材のオファーを出してみたのですが、一度も応じてはもらえませんでした）、特に自分が影響されてきた音楽やアーティストについては、かなり長い間、あまり積極的に語ろうとはしませんでした。

それが少し変わってきたのは、ｃａｐｓｕｌｅがデビュー十年目を迎えた二〇一一年頃からだと思います。「サウンド&レコーディング・マガジン」は、長い歴史を誇る音楽制作の専門誌ということもあって、中田ヤスタカが例外的によく登場してきた雑誌ですが、そのサンレコが「中田ヤスタカ10thＡｎｎｉｖｅｒｓａｒｙ連続対談」と銘打って、彼が尊敬する先人のミュージシャンたちとの対談を断続的に掲載し始めたのです。そして、この企画によって、二〇一一年十月号には小室哲哉との、その一年後の二〇一二年十一月号には坂本龍一との対談が実現することになりました。

中田ヤスタカは、対談の前年の二〇一〇年に、小室哲哉プロデュースによるＴＲＦの十七年前の大ヒット曲「EZ DO DANCE」のリミックスを手掛けていました。このリミックスは、ｃａｐｓｕｌｅの『WORLD OF FANTASY』と同様、いわゆるＥＤＭのスタイルでなされています。ＥＤＭとは「Electronic Dance Music」の略語で、テン年代に入った頃から頻繁に使用されるようになったジャンル（？）名です。その名の通り、ひたすらアッパーに踊らせることを目的としたエレクトロニックな音楽のことであり、日本ではそれほど人気がありませんが、欧米では一大ムーヴメントと化しています。中田ヤスタカはｃａｐｓｕｌｅのみならず、Ｐｅｒｆｕｍｅの『ＬＥＶＥＬ３』でもＥＤＭの要素を大々的に導入してみせて、ファンを驚かせました。そして復帰後の小室哲哉も、ＥＤＭ的なサウンドに向かっていました。

サンレコの対談で、中田ヤスタカは小室哲哉からの影響について、こう述べています。

〝無かったモノをアリにする〟という部分ですね。例えばエイベックスで小室さんがＴＲＦを始める前、僕はエイベックスから出ている海外のコンピとかをよく聴いていたんです。ちょうど中学生くらいのときで、当時はエイベックスから日本人アーティストの作品が出るイメージって全く無かったんですよ。でも、そこからものすごい数のダンス・ミュージックを世に送り出した。

（「サウンド&レコーディング・マガジン」二〇一一年十月号）

「無かったモノをアリにする」とは、まさに中田ヤスタカ自身がＰｅｒｆｕｍｅでやってみせたことでもあるわけです。続けて、彼はこんなことを語っています。「僕、シンセサイザーを買った後に音楽を聴き始めたんです。〝シンセサイザーを使っているプロの人たちはどんな曲を作るんだろう？〟っていろいろなＣＤを聴き始めた……だから、普通の人とは順番が逆なんです」。これも小室哲哉と似ています。小室もまた、一九七〇年の大阪万博で冨田勲を知り、その後、当時はまだ珍しく非常に高価だったシンセサイザーを買っています。しかしここには、およそ二十年の時間の開きがあります。

このあと、中田ヤスタカは幼い頃から親にピアノを習わされて、クラシックから音楽に入ったので、なかなか和声の呪縛から逃れられないと告白します。

ただ、僕の場合はテクノとかミニマルばかり聴いていた時期があって……ああいう音楽ってヘタするとベースさえも無くて、ずっと同じ音がループしているだけだったりするじゃないですか。譜面にしても伝わらない音楽なので、そのとき受けた衝撃を作品に生かそうと思っているんです。（前掲書）

小室哲哉と渋谷系の時代、まだティーンエイジャーだった中田ヤスタカは（彼は安室奈美恵不在の一九九八年にやっと十八歳です）、しかしリアルタイムでそれらの音楽に触れていました。それだけ早熟だったということですが、成人してゼロ年代に入るとすぐにプロとしてデビューしてしまった彼は、ともかくも今しがた過ぎ越してきたばかりの「九〇年代」を自分なりにリフォームしながら、それと同時並行に、リアルタイムで進行してゆく音楽のモードの更新と変容に対応してゆくしかなかった。ｃａｐｓｕｌｅ前期における試行錯誤には、彼が直面することになった困難が映し出されていたのだと思えます。

小室哲哉との対話の終わりがけに、中田ヤスタカはとても印象深いことを語っています。

好きな曲を自分で探してまで聴く人って多くないですよね。やっぱり偶然聴いた音楽の中からいいなと思ったものを選んでいるわけで、自分から音楽に向かっていくという文化は音楽ファン以外は持っていない。で、音楽ファン自体も限られているので、〝何だコレ⁉〟っていう斬新な曲がもっと一般リスナーに届くような機会があるといいなと思います。（前掲書）

「テクノ」と「テクノポップ」に同時に出会う

坂本龍一との対談は、中田ヤスタカがＹＭＯの「再生」アルバム『テクノドン』に衝撃を受けたという話から始まっています。

それまで〝カッコいいな〟と思う音楽はあったんですけど、『テクノドン』を聴いたときには〝うわっ、音いいな〟って思いました。音楽は全然詳しくなかったたんですけど、これは聴いておいた方がいい作品だということは何となく感じていて、とりあえず聴き込みましたね。きっと中学生のときに最も聴いたアルバムだと思います。とにかく音に衝撃を受けたので、聴きながら寝ていた……睡眠学習です（笑）。だから『テクノドン』は僕の潜在意識に刷り込まれているんです。

（「サウンド&レコーディング・マガジン」二〇一二年十一月号）

『テクノドン』がリリースされた一九九三年、中田ヤスタカはまだ中学一年生です。第二章で述べておいたように、このアルバムは「テクノポップ」の代表アーティストだったYMOが「テクノ」の時代に、いわば「テクノ／ポップ」として世に問うた作品でした。そこでは「テクノポップ」と「テクノ」が、ある独特なかたちで遭遇しています。十三歳で『テクノドン』を睡眠学習した中田ヤスタカの頭の中では、ごく自然に、この本来は別々の時間軸に属する二つの音楽が共存しているのかもしれません。なにしろ彼は「テクノ」と「テクノポップ」に同時に出会ったのですから。

この対談の中で二人は、歌詞の役割についても語っています。

中田　音の響きのためだけに作詞をしている感じですね。

坂本　歌詞の意味は耳に入ってこないタイプですか？　音としてとらえている？
中田　そうですね。音楽が流れていても歌詞の方に耳はあまり行かないです。
坂本　僕も歌詞が全然聴こえない。音として聴いちゃうから。それなのに昔は大貫妙子さんや矢野顕子さんをプロデュースしていて、いつも怒られてましたよ……〝あなた歌詞聴いてないでしょ！〟〝すみません〟って感じで（笑）。アレンジしていても歌詞のことは一切考えていなかったし、ひどいアレンジャーですよね。その後、だいぶ訓練して歌詞が聴こえるようになってきました。でも意識しないと無理ですけどね。最近ですよ、多くの人が歌詞の方に感情移入して音楽を聴いたり、カラオケで歌っていることが分かったのは。まあ最近と言っても、もう還暦なんですけどね（笑）。
（前掲書）

この点において、坂本龍一と小山田圭吾と中田ヤスタカは、一本の線で繋がっています。彼らは何よりもまず「耳」のミュージシャンなのです。それは「リスナー型」すなわち音楽マニア／オタクであることと、必ずしも完全には重なりません（音楽に無知でも耳の鋭いひとはいます）。しかし彼らはいずれもたまたま「リスナー型ミュージシャン」でもあった。このことは重要です。

「聴いたことのない音楽」

この対談で、中田ヤスタカは、最近は民族音楽をよく聴いていると話しています。どんな民族音楽を聴いているのかと問われて、彼は「世界中のものですね。そのうち地球上の民族音楽を集めたライブラリーを作りたいと思っていて……」と答え、続けて「これから増やしたいなと思う音楽は自分で作るんですけど、もうそこには追いつけない民族音楽とかは純粋にリスニングとして聴いている」と語っています。「これから増やしたいなと思う音楽」が、たとえばテクノであり、エレクトロであり、EDMであったりするわけです。しかし彼は自分の音楽に直接反映されないような音楽も大量に聴いている。いや、聴き始めている。彼は現在進行形の「リスナー型ミュージシャン」と言っていいのかもしれません。

その意味で興味深いやりとりが、坂本龍一との間にも交わされています。

坂本　クラシックは聴く？

中田　聴きますけど、満遍なく勉強している感じで。クラシック以前の古楽みたいなものも好きで、聴いたことのない音楽ってまだまだいっぱいあるなと思いました。

坂本　その辺はハマっちゃうと一生掛かっても聴ききれないんですよね（笑）。僕が若いころはその辺の録音物はものすごく少なかったので何枚か聴いたら終わりって感じだったけど、今は実際に演奏しているグループもヨーロッパを中心に増えているし。

中田　そういう意味ではインターネットって便利ですよね。検索すれば何でも出てくる。それがきっかけになる人もいると思うし、とにかく探し甲斐はある状態なので、興味さえあれば良い環境だと思うんですよね。レコードの時代は、聴きたい音楽があるのに探しても見つからなかったりしたじゃないですか。

坂本　昔はあちこちのレコード屋で音楽を探し回ってましたね。狩猟に近い感じ（笑）。新宿を回って無かったら今度は渋谷に行くみたいな……当時は時間があったんだな（笑）。今はそんな悠長なことはできないですね。でも、その過程でお目当て以外のものも買ったりするから楽しかった。今やニューヨークではレコード屋は皆無に近いから。

中田　そういう意味では〝聴いたことのない音楽〟を買う人が増えてほしいなと思います。（前掲書）

渋谷系のひとつ前のディケイドと、ひとつ後のディケイドに登場した、三十歳以上も年の離れた二人の音楽家が語り合う、音楽への、いや、音楽を聴くことへの愛とこだわり。ここには「聴いたことのない音楽」への世代を超えた（そして世代が異なるがゆえの）欲望と諦念が、複雑に交錯しています。

坂本龍一が、この対談時の中田ヤスタカの年齢だった頃、それはちょうどＹＭＯが「散開」した頃、小室哲哉がＴＭ ＮＥＴＷＯＲＫとして、小西康晴がピチカート・ファイヴとしてデビューした頃に当たります。そしてニッポンは、ニッポンの音楽は、その後、世界中からありとあらゆるモノや情報が、ありとあらゆるサウンドが凄まじい勢いで集まってくる時代へと突入していきました。そしてそのような、聴いたことのない音楽が溢れかえっていた時代は、ＹＭＯが『テクノドン』で一瞬だけ「再生」し、渋谷系が流行し、小室哲哉がチャートを制覇した九〇年代まで続き、続いていた筈《はず》なのに、いつのまにか、ほんとうにいつのまにか、ふと気づいてみると、完全に過ぎ去ってしまっていたのです。これがテン年代の、今、です。

ＣＡＰＳＵＬＥは、二〇一三年十月、前作から一年半ぶりとなったアルバム『ＣＡＰＳ ＬＯＣＫ』をリリースしました。名前を小文字から大文字表記に改め、きゃりーぱみゅぱみゅと同じレーベルに移籍して放ったこの作品は、過去のｃａｐｓｕｌｅとは、まったくと言っていいほど異なるサウンドになっています。

もちろんダンサブルな要素もあるのですが、ＥＤＭ的なハイテンションではなく（そちらはＰｅｒｆｕｍｅ『ＬＥＶＥＬ３』でやっているからかもしれません）、全体的にミニマル、ミニマル・テクノのそれではなく本来のミニマル・ミュージック的な、和声に基づく反復性を帯びた曲調が前面に押し出されています。また、ドローン（持続音）やミュージック・コンクレート（具体音）、フィールド・レコーディング（環境音）などといった、これまで中田ヤスタカがどのプロデュース作においてもほとんど試してこなかった、かなり実験的と言っていいアイデアが随所で導入されています。この作風の大きな変化は、坂本龍一との対談で語られていた「聴いたことのない音楽」の研究と追求が反映されているのかもしれません。中田ヤスタカは、またもや変わりつつある。そして今度の変化は、もしかすると、これまでとは比較にならないほど大きな変化なのかもしれません。

ＣＡＰＳＵＬＥの通算十五作目となるアルバム『ＷＡＶＥ ＲＵＮＮＥＲ』は、二〇一五年の二月にリリースされました。中田ヤスタカの物語は、まさに現在進行中なのです。

意味を失った「内」と「外」

聴いたことのない音楽、言い替えればそれは「未知の音楽」です。更に言い換えれば、それは「外の音楽」です。空間的な「外」、時間的な「外」。ここまで語ってきたように、「ニッポンの音楽」の物語＝歴史の主人公たちは、それぞれの時代に、それぞれの仕方で、日本の「内」にありながら、「外」を志向してきました。

はっぴいえんどの時代である七〇年代、「外」はれっきとした「外」でした。それはたとえば「アメリカ」と呼ばれていましたが、彼らの頭の中では、現実に海の向こうに存在しているアメリカ合衆国と、幾つものレコードから醸成された「アメリカ」というイメージが、曖昧かつ複雑に重なり合っていました。彼らはその実在と幻影の多重露光としての「よそ」を、自分たちの「ここ」である「日本」にも見出そうとしました。「外」に向かうのでも「よそ」に同一化しようとするのでもなく、むしろ「外」への視線、「よそ」への憧憬を内面化することによって、彼らは「ニッポンの音楽」の可能性を切り拓きました。

ＹＭＯの時代である八〇年代、依然として「外」は「外」でしたが、感覚的にも、現実的にも、距離はぐっと近づいていました。かつての「外」は、もうあまり外っぽくはなくなっていたのです。そこで彼らの「外＝よそ」のイメージは、かつてのたとえば「アメリカ」から、地理的にも時間的にも、もっと遠くに向かって拡散を始めました。それらはいまだ、夢見られた、想像された「風景」でした。けれどもやがて、はっぴいえんどの時にはほとんど感じられることのなかった（意識する必要もなかった）、「外」にとっての「内」、「よそ」から見た「ここ」という視線の逆転が生じていることに、彼らは気づき、その視線を自分たちの中に取り込もうとしました。

この逆転した視線は、やがて「ここ」に居る者たちに、いまや「外」よりも「内」の方が、新しく、豊かで、幸せなのではないかという認識を植え付けていきました。その結果、「よそ」への憧憬、「外」への欲望、そのあり方は、以前とは大きく変質していった。少なくともそれは、はっぴいえんどの時代の「風景」とは、まったく違ったものになっていったのです。

渋谷系と小室系の時代である九〇年代、もはや「外」との距離（感）は限りなく縮減／失効し、その気になれば易々と出掛けることもできれば、ある意味では「内」に居ながらにしてさえアクセス可能になっていました。「外」への憧憬と欲望は相変らず存在していましたが、それは見果てぬ夢、想像するしかない「よそ」というよりも、ちゃんと「そこ＝ここ」に存在する、現実的な時空間になっていたのです。フリッパーズ・ギターの二人は、ピチカート・ファイヴは、小室哲哉は、それぞれ皆「外」に出て行きました。また彼らは、それ以前の時代には思いも寄らなかったほど大量かつ性急に、過去と現在の「外」を摂取していきました。それは彼ら自身の属性である以上に、時代の条件のひとつでした。しかしそれと同時に、ひとつ前の時代から急速に上がってきた「ここ」の価値は、いつのまにか失墜していきました。いわば「内」は「外」を孕み持ったまま、自らをゆっくりと閉じていったのです。

そして中田ヤスタカの時代であるゼロ年代以降、もう「内」と「外」という区別は、ほとんど意味を持っていません。もちろん「外」は相変らず存在しているのですが、それは夢や想像とは無縁の、単にリアルな「ここ以外」でしかない。そして「ここ」には「ここ以外」も内包されてしまっている。それは「現在」に「過去」が内包されているということでもあります。彼の前には、「過去」の幾つもの断片が、時間軸とはほとんど無関係なかたちで、いきなり立ち現れた。それらの「過去」においては、すでに「内」の中に「外」が、「外」の中に「内」が、入れ子細工のように折り重なっている。彼にとって「よそ」とは、もはや時間的にも空間的にも、限りなく極端な、ほとんど無限遠点のようなものとしてしか存在し得ない。

彼は「ここ」に居るしか、居続けることしかできない。なぜなら、もはやどこだって、いつだって「ここ」になってしまったのだから。

「Jポップ」葬送の物語

「ニッポンの音楽」の登場人物たちは、このように「内＝ここ」に在りながら「外＝よそ」を夢見ようとするさまによって、明らかに繋がっています。彼らは、ある意味では、ひとつのメンタリティを抱え持った同一人物のようなものとさえ言ってもいいかもしれません。しかし時代が移り、物語が次の章へと進むごとに、彼らはその「外（の音楽）」との関係性のあり方を次第に変えていった。変えていかざるを得なかった。その変化は、振り返ってみれば、かなり大きなものだったと言えます。

それぞれの現在においては、その変化はそれほど重大だとは、後戻りのできないようなものだとは、おそらく彼らの誰ひとりとして思ってはいなかった。けれどもそれは、そうだったのです。彼らはいずれも重度の「リスナー型ミュージシャン」、すなわち常に、まだ聴いたことのない、未知の音楽を追い求める者たちだった。彼らはいずれも、それぞれの時代に、あるいは幾つもの時代を越えて成功したミュージシャンです。しかし、その成功の理由は、彼らが貪欲で健康な「耳」を持っていたから、「外の音楽」への飽くなき夢と欲望を抱いていたからというよりも、むしろその反対に、彼らが皆、ある意味で「外」への旅立ちに失敗したから、失敗し続けたからなのではないか、そう筆者には思えるのです。

一九六九年から始まった、この「ニッポンの音楽」の物語は、二〇一四年が終わりに差し掛かった今、とりあえずの結末を迎えようとしています。およそ半世紀に近い時間が、ここには流れています。もちろん筆者が物語ってきたのは、この長い長い時間の流れから紡ぎ出された、或るひとつの物語でしかありません。他にもたくさんの、無数の物語たちが、幾らでも語り得るでしょうし、今後筆者がそうする可能性だってあります。しかし、それでも筆者には、今まさに語り終えようとしている物語が、日本のポピュラー音楽の歴史と現在を考えるうえで、もっとも重要な物語、少なくともそのひとつだと思っています。

なぜならば、この物語は、たとえ他にもっとふさわしい主人公や語り方があるように思えたとしても、間違いなく、あるとき誰かが「Jポップ」と名付け、それ以後わたしたちがそう呼んできた音楽、しかしそのずっと前から存在していた音楽の、紛れもない葬送の物語であるからです。そう、物語の終わりに、ここで「ニッポンの音楽」に「Jポップ」とルビを振っておきたいと思います。この言葉の命名に潜む矛盾と逆説こそ、この国の音楽が、幾度となく直面し、何とかして解決しようとしながら、常に失敗し、その失敗こそがもたらす成功を繰り返してきた、こととよそにかかわる難問そのものなのですから。

「ニッポンの音楽」の物語は、わたしたちの「Jポップ」の歴史の寓話です。そしてこれは、ニッポンの寓話でもあります。

ボーナストラック　Jポップ「再生」の物語

さらなる「葬送の物語」へ

二〇一四年に出た『ニッポンの音楽』の結末部分（第四章末）をあらためて読み直してみると、当時の筆者の認識は、かなり悲観的だったように見えます。そして、これを書いている二〇二二年一〇月現在、あの時の自分の認識と直感は、かなりの部分まで当たっていたようにも思えます。

この補稿でお話ししたいのは、オリジナル版『ニッポンの音楽』の刊行後、このニッポンの音楽はどうなったのか、ということです。

本書を書くにあたって、筆者がひとつの通しテーマのようなものとして考えていたのが、日本の「外」と「内」という視点です。ここには、地理的、空間的な意味もあれば、時間的な意味も、あるいはそれ以外のさまざまな「外」「内」が含まれます。そして、戦後ニッポンの音楽は基本的に「外にあるものを内に取り込む」ということを基本姿勢として、発展してきた歴史があります。

「外にあるものを内に取り込む」という時に、まず「取り込みたい」「取り込もう」

という欲望があり、その後に実際に行動に移すことになるわけですが、その時、外にあるものはそのままの形では内へと入ってこられません。何かしらの変質のようなものを、どうしても被《こうむ》ってしまう。しかし、それは必ずしもネガティヴなことばかりではありません。むしろさまざまな変質を避けられなかったがゆえに、結果的にある種のオリジナリティのようなものを獲得してきたのが、ニッポンの音楽の、すなわちJポップの歴史の大きな側面だったのではないかと思います。

とはいえその「変質」のありようそれ自体も時間とともに変わってきました。「外」と「内」のバランスも変わってきた。筆者はオリジナル版の結末部分で、そうしたJポップの歴史を「葬送の物語」という言葉で説明しました。そして、「二〇一五年以降に何が起きたのか」ということを考えていこうとした時、さらなる「葬送の物語」が展開していった、と思います。それに、オリジナル版『ニッポンの音楽』が、日本という国の二〇一四年末までのことを扱っていた、ということが、偶然でしかないとはいえ、今から振り返ると、すごく重要なタイミングだった、とも思うのです。

それはなぜか。二〇一五年以降の音楽の世界に、二〇一四年までには想像もしていなかったようなことが次々に起きてしまったからです。その「起きてしまったこと」の最大のポイントは、音楽のサブスクリプション・サービスの台頭ということになるでしょう。

サブスクリプション・サービスの台頭

音楽のサブスクリプション・サービス（以下、サブスク）とは、定額制（サブスクリプション）の音楽ストリーミング・サービスのこと。もちろんこれは、それ以前から存在していましたが、日本に本格的に導入されたのが、まさにオリジナル版『ニッポンの音楽』刊行の翌年のことです。具体的には、Ａｐｐｌｅの音楽ダウンロード・サービス「ｉＴｕｎｅｓ」が「Ａｐｐｌｅ Ｍｕｓｉｃ」の名でサブスク化されます。その世界的な移行が始まったのが二〇一五年。また、「ＬＩＮＥ ＭＵＳＩＣ」のサービス開始も同年のこと。さらに、「Ｓｐｏｔｉｆｙ」の日本上陸は二〇一六年です。

筆者が本書を書いていた時点では、サブスクで音楽を聴くということが、まだ、今のように「普通のこと」「デフォルトの状態」にはなっていませんでした。つまり、「音源／盤を買う」ということが、音楽の視聴行為の中でまだ大きなものとして残っていたわけです。

もっとも、その前段階として、二〇一〇年くらいから「音楽が聴かれたり買われたりする現場」の変化は始まっていました。レコード／ＣＤ店や、ライブハウスといった場所から、その重心がインターネットへと移行していきます。ネットに移行しすぎた結果、逆に音楽フェスが流行るといった形で、ゆり戻しやカウンターのような現象も見られましたが、音楽の重心のインターネットへの移行という流れは加速度的に進み、ダウンロード販売のような形態が市民権を獲得していきます。ゼロ年代の後半からテン年代の前半にかけては、ネットレーベルが盛り上がりを見せ、ニコニコ動画出自のアーティストやボーカロイドのプロデューサーたちに注目が集まりました。

簡単に言えば、レコードやＣＤ、あるいはＭＤといった「物質」としての音楽がリスナーの前からどんどんなくなっていき、「データで所有する」時代になった、ということです。私たち消費者・リスナーは、「物」を聴いているわけではありません。だからこそ、究極的にはデータで「音そのもの」を所有していればいいのだ、という価値観が浸透していった結果です。これはこれで大きなパラダイムシフトですが、しかしサブスクは、さらなる大きな地殻変動を起こします。音楽から「値段」という概念をなくしてしまったのです。

もちろん、サブスクもタダではありません。毎月、一定の利用料がかかります。しかし、「定額聴き放題サービス」なので、月にいくらかのお金を払っていさえすれば、そのサービスが提供している音源にかんしては無限に聴くことができる。つまり音楽は、サブスク以降の世界では、ほぼタダになった、と言って差し支えないわけです。

これにより、これまでのような一枚（アルバム）、一曲（配信）あたり幾ら、という価値観がなくなってしまいました。加えて、二〇一四年くらいから、iPhoneを始めとするスマートフォンが一般化し、テン年代の半ば以降は、「スマホで、サブスクで音楽を聴く」というのが「=音楽を聴く」ということとほぼ同義になり、現在に至ります。

とはいえ、こうした状況は日本だけのことではありません。サブスク化は、音楽そのものにとって、決定的に重要な出来事だったと筆者は考えています。これが不可逆的に、あまねく行き渡ったことによって、音楽は、もうほとんど「それ以前」の姿とはまるで違うものへと形を変えてしまったのです。音楽の「聴き方」が、根本から変わってしまうくらいに。

サブスクの落とし穴

Ｓｐｏｔｉｆｙが、日本上陸の際に謳っていたのが「ここには無限に近い、いろいろな音楽がある」ということでした。「これまで聴いたことのない、しかし聴けばあなたが好きになるであろう音楽」がいくらでも聴けますよ、と。これは、そもそもインターネットがそういう存在でした。ネットには無限に近い情報があるわけですから、それぞれが自分の嗜好性《しこう》に合わせて未知なる「好きな情報＝音楽」を発見し、出会うことができる、というのがネットのポジティヴで楽観的な見込みだったのです。

しかし、インターネットがそうはならなかったように、サブスクでもそうはなりませんでした。これは以前、『未知との遭遇』という自著で書いたこととも繋がってくるのですが、人間はそうそう過剰な多様性に耐えられないからです。多様性があることと、あるいは可能性が無限に近いように見えるということが、その人の能動的に動く動機のようなものを縮小させる働きがあるのです。簡単に言えば、メゲさせてしまう。膨大な可能性を前に、「これは無理だ」と萎えさせてしまう、ということです。

では、実際に何が起きたのか。

たとえば、二〇一六年にボブ・ディランがノーベル文学賞を獲った時には大きなニュースになりました。その時、ボブ・ディランを知らなかったり、知っていても名前程度だった若い人がいたとします。「なるほど、この人はミュージシャンらしい。ミュージシャンがノーベル文学賞を獲ったのは初めてらしい」……そんな具合に興味を持った人でも、サブスクを使えば、いきなりボブ・ディランの、ベーシックな音源を二日間程度ですべて聴いてしまうことができる。そういう意味では、筆者は、サブスクはものすごく良いものだと思っています。それ以前は、お金や、調べたり探したりする時間といった、何かしら対価を払ったり、それなりに苦労をしなければならなかったものに、ほぼノーコストでアクセスすることができるようになったのですから。心ゆくまで、新しい音楽体験を追求できる――はずでした。しかし、実際には、ほとんどそうはなりませんでした。そうした使い方をしたのは少数派だったのです。

サブスクの浸透によって、音楽多様性が当たり前のものとなり、「このミュージシャンはどういうことをやっているのか」「これはどういう音楽ジャンルなのだろう」と興味を抱きさえすれば、さほどのコストをかけずとも、かなりマニアックな領域にまでアクセス可能になりました。しかしながら、サブスクの浸透以降、どういうわけか、むしろ皆が同じ音楽ばかりを聴く、という状況が生まれたのです。そこに収蔵されている音源の数が膨大すぎるがゆえに、別にそこまで新しい音楽を聴きたいわけではない、なんとなく自分にしっくりくる音楽が流れていてくれればいい、といった心理を誘発してしまったわけです。もちろん、そういう音楽の聴き方をする人は以前からいました。けれども、そうした層が拡張する契機を作ったのは、間違いなくサブスクでしょう。

これも、日本だけの現象ではなく、世界的に見られる傾向です。ちなみに近年では、各種音楽チャートにも、サブスクや動画サイトの再生回数が反映されるようになりました。以前のように、単純に「音源が売れる」みたいなことだけを見ていては、もはや現実的ではないので、もっと総合的に「どれだけ世界中の人がその音楽を聴いているのか」を指標にして、チャートを作るようになっていきました。そしてその結果、ベストテンの半分くらいがエド・シーランになる、というような異様な事態が生まれてしまったのです。

言うなれば、人類には音楽のサブスクをフル活用するのは手に余った、ということになるでしょうか。これを使いこなし、膨大な音源の中を自在に泳ぎ回れるのはごく一部で、多くの人はただ同じ曲をリピートし続けるようにしかならなかったのです。サブスクによって、音楽というジャンルの、カルチャーにおける地位は、大きく姿を変えた、もっと言えば沈没した、という言い方はやや語弊がありますが、少なくとも以前とは全然違うポジションに置かれるようになってしまった、ということは間違いありません。そしてこの事態は、サブスクというシステムの、ある種の「思いもよらなかった落とし穴」を契機としていることを、まず指摘しておきたいと思います。

サブスク時代の「スター誕生」

では、ここからは、テン年代後半にどのようなアーティストが世に出て、売れていたのかを振り返ってみたいと思います。

以前からそうだったのだとは思いますが、この頃から前にも増して、街を歩いている時や、飲食店などで、同じ曲が何度も耳に入ってくるようになりました。そうした「いやでも耳に入ってくる」楽曲の中でベスト三を挙げれば、米津玄師《よねづけんし》の「Lemon」、あいみょんの「マリーゴールド」、Official 髭男《ひげだん》 dism の「Pretender」になります。「Lemon」と「マリーゴールド」はどちらも二〇一八年、「Pretender」は二〇一九年のリリースです。

従来、ヒット曲はどれだけヒットしてもワンシーズンの中でのことに限られていました。一時集中して掛かっているけれども、次のシーズンになると違う曲に取って代わられるわけです。しかし、その定石をこの三曲は打ち破ります。米津・髭男・あいみょんは、その後もヒット曲を出し続けますが、それでもなお、この三曲はずっとチャートに残り続けました。それはなぜかといえば、いつまで経ってもサブスクで再生され続けていたから、ということになります。リリースからかなり時間が過ぎても、それは「現行のヒット曲」とみなされることになるのです。

「Lemon」も「マリーゴールド」も「Pretender」もすごく良くできた曲で、多くの人の心を捉えるのはよくわかる。しかし、筆者が奇妙だと感じざるをえないのは、なぜこれほど同じ曲をリピートし続けるのだろうか、ということです。これはいわばアルゴリズム的にもそうなってしまうのだと思うのですが、もうひとつ、多くの人は、音楽を「聴くために聴いてる」のではなくて「流している」という側面も指摘できると思います。そして、何度も耳にすることで、その歌は記憶され、さらに馴染《なじ》みの曲になっていく。これは、大衆的な音楽の聴かれ方と、そのことによる人気ミュージシャンの誕生という、ある意味で典型的なスター誕生の道筋でもあります。

サブスク以前は、これはラジオや有線が担っていた役割です。もちろん、今でもラジオでヘビーローテーションされることがヒットするか否かの大きな指標になっていますし、有線も同様です。ただ、やはり昔ほどラジオや有線は多くの人が、常に聴いているようなものではなくなっています。それに代わるのがサブスクであり、ある意味では「有線放送」の現代版みたいなもの、と位置付けることもできるでしょう。また、かつてはテレビもそうしたヒットを左右する媒体でしたが、日本にかんしてはこれもテン年代後半から、歌番組の枠が激減しています。現状ゴールデンタイムでは、タモリが司会を務める「ミュージックステーション」（テレビ朝日系）以外は、あってもかつてのヒット曲を取り上げたりする回顧番組ばかりです。

こうした事実からも、日本における「音楽が耳に入る機会」というのが、十、二十年前と比べて、かなり縮小してしまったということがわかります。そうすると、頼みの綱は「現代の有線放送」ことサブスクということになり、そこにハマった三大アーティストが米津・髭男・あいみょんだった、と思うわけです。

ただ、こうした売れ方に、一抹の不安を感じることも事実です。例えば、米津玄師の曲は本当によくできていて、かつポップソングとしてのひねりもあれば、ネット出自の人だけあって、自分ひとりで曲が作れる。つまり才能がある。問題は、でもここまで同じミュージシャンの同じ曲が流行り続けなくてもいいのではないか、ということです。もちろん新しいアーティストも出てきてはいるのですが、かつてのような音楽シーンの幅広さ、豊かさというか、群雄割拠な感じが薄れてしまっているのではないかと。

NEXT中田ヤスタカは誰だ？問題

『ニッポンの音楽』は、七〇年代、八〇年代、九〇年代、ゼロ年代……と、他の「ニッポン」シリーズと同じように「ディケイド論」になっていました。つまり、十年ごとに大きく何かが移り変わっていく、という設定で物語が書かれていた。そして、それぞれのディケイドには、それぞれ主人公がいます。七〇年代はっぴいえんどの物語、八〇年代ＹＭＯの物語、九〇年代は渋谷系と小室系の物語、ゼロ年代は中田ヤスタカの物語――という具合に。

しかし、ゼロ年代にかんしては、中田ヤスタカで代表させるということは決して間違いではないと思いつつも、それまでの物語の主人公の「強度」と比べると、やや弱いと感じてしまっていたのも事実でした。時代を象徴するとまでは言えない。やや無理をして主人公を探している感はいなめなかったのです。ならばと、九〇年代の章の「渋谷系と小室系」のように、複数の主人公で語るということも考えました。同時代のもう一人の主人公として、相対性理論《そうたいせいりろん》やサカナクションなど、いくつか候補はあったのですが、中田ヤスタカと並べるとバランスが取れないと思い、彼一人に絞った、という経緯があります。

執筆当時は、リアルタイムだったこともあり、まだ見えていないことも多かったのですが、では、あれから八年近い時間が経過した今から振り返って、中田ヤスタカに継ぐ、あるいは彼を凌《しの》ぐような時代を象徴するプレイヤーはいたのか？という話になるわけです。それが、この追加章のもっとも重要なポイントだと思います。しかし、それを考えようとした時に、サブスク以降のニッポンの音楽において、ゼロ年代以上に「主人公を特定しがたい」という現実に突き当たってしまったのでした。

ここで、「二〇一五年以降のニッポンの音楽」を象徴する人物として誰が妥当かを、今一度考えてみたいと思います。

『ニッポンの音楽』では、六〇年代以降の日本を代表するミュージシャンを「リスナー型ミュージシャン」と規定していました。つまり、「人の音楽＝先行する過去のミュージシャンの作品」をたくさん聴き、それを「自分でもやりたい」かつ「自分ならではのやり方でやりたい」と考えたミュージシャンたちです（もう一方に、もちろん「人の音楽を聴く聴かないにかかわらず音楽家になる人」というのも、またいます）。

加えて、細野晴臣も、渋谷系ミュージシャンも、中田ヤスタカも、総じて「オールインワン型」であることが指摘できるでしょう。つまり、作詞作曲編曲などの音作りまで自分でできる人ですね。

オールインワン型で、二〇一五年以降もっとも才能を羽ばたかせた一人は、まず第一にｔｏｆｕｂｅａｔｓだと思います。彼は、ゼロ年代の終盤くらいにMaltine Records（マルチネ・レコーズ）というネットレーベルから出てきた人物で、当時は、インターネット上に自分で音源をアップする中学生でした。彼はツタヤやレコファンで昔のCDを買い漁って聴きまくっていたそうです。ネット上でまず才能を認められ、メジャーレーベルと契約して今に至ります。彼は作詞作曲もアレンジもミックスもできるし、他人に曲を書くことも、プロデュースすることもでき、かつライヴ・パフォーマンスもDJもする。初期はあまり自分では歌っていませんでしたが、最近ではヴォーカルも自分で担うようになり、それもとても良い。けっしてすごく上手いわけではないのですが、彼にしか出せない味わいがある。近年はさらに活動の幅を広げ、濱口竜介《はまぐちりゅうすけ》監督の『寝ても覚めても』（二〇一八年）を始めとする映画音楽を手がけるに至っています。

現代のセンスエリートたち

はっぴいえんど〜YMO人脈、それを継いだピチカート・ファイヴやフリッパーズ・ギターといった渋谷系の面々は、リスナー型ミュージシャンであると同時に、一種の「センスエリート」でもありました。映画やファッションなど、音楽外のカルチャーにも精通していて、すごく趣味が良い。そして、それを自身の音楽活動の中にも積極的に取り入れていた。ファンも音楽だけでなく、そのセンス込みで受容しているようなところがありました。そうした、センスエリーティズム的な方向性における、二〇一〇年代以降を代表するグループのひとつがｃｅｒｏだと思います。

ｃｅｒｏは、音楽的な趣味が良いだけではなく、アティチュードや活動の仕方という点でも独自性の高い存在だと思います。デビューは二〇一〇年ですが、じわじわと評価を高めていき、完全ブレイクしたのは二〇一五年頃です。この年に彼らはサード・アルバム『Obscure Ride』をリリースし、これが初めてのオリコンチャートベストテン以内にランクイン。その次のアルバム『POLY LIFE MULTI SOUL』（二〇一八年）と、収録シングル曲がデイリーチャートで一位を獲ります。彼らの在り方は、完全に「リスナー型ミュージシャン」の現代版だと思います。ただし、オリコンチャートベストテン入り、オリコンチャート一位が、実際の数字としては、十年前・二十年前と比べて、とてつもなくシュリンクしてしまっている事実も忘れてはいけません。

ｃｅｒｏと同時期に注目を集めていったのが「Ｄ.Ａ.Ｎ.」です。

Ｄ.Ａ.Ｎ.のデビューは二〇一五年。海外の歌モノエレクトロニカのようなおしゃれな音楽で、ジェイムス・ブレイクの日本公演の前座なども務めていました。海外のダンスミュージックの最新流行を日本に移植することに成功したという実績は大きい。継続的に良い作品をリリースし続けていますが、セカンド・アルバム『Sonatine』のオリコン三十三位をピークに、以降は大きなセールスは上げていません。

そして、ceroほどマニアックではないし、D.A.N.ほどスタイリッシュではないけれども、同じように非常に音楽性が高く、極めて精緻《せいち》に作っているアーティストの中で、もっとも売れたのが「King Gnu」です。

King Gnuは、その前身であるSrv.Vinci名義で、二〇一五年にファースト・アルバム『Mad me more softly』をリリースし、デビュー。二〇一七年に現在のKing Gnuに改名してからの大ヒット曲「白日」は、髭男の大ヒット曲と同じく、二〇一九年にリリースされました。

King Gnuの大きな特徴として、リーダーの常田大希《つねただいき》（一九九二年〜）をはじめ、メンバーの多くが東京藝術大学出身という点が挙げられます。つまり「音楽理論」がきちんとわかった上で音楽を作っている、ということです。こうした傾向は他にも多々見られます。

たとえば演劇カンパニー「ヌトミック」を主宰する額田大志《ぬかたまさし》（一九九二年〜）。彼は生楽器主体の（本人は鍵盤を担当）音楽ユニット「東京塩麹《とうきょうしおこうじ》」で、ミニマルミュージックをベースにしたポップなインストを演奏しています。彼も藝大の出身です。

また、網守将平《あみもりしょうへい》（一九九〇年〜）の名前も挙げるべきでしょう。彼は藝大の作曲科出身で、オーケストラ作品の評価も高い。ソロ作は斬新なエレクトロニカで、牧歌的なメロディラインにも特徴があります。最近では人に曲を提供することも多く、DAOKOや大貫妙子のプロデュースを手掛けたり、川村元気《かわむらげんき》の映画『百花』（二〇二二年）の音楽を担当したりするなど、非常に注目されています。

「センス」型から「学」型へ

学問として音楽を学んだエリートが、ポップミュージックのフィールドでも活躍するということは以前もありましたが、どちらかと言えば「知る人ぞ知る」存在であったり、裏方に回ることが多く、現在のように音楽シーンの中心で活躍し、評価されるようになったことは、時代の変化を感じさせます。

それ以前のリスナー型ミュージシャンは、どちらかといえば、拠《よ》って立つ音楽的教養のベースが、「むちゃくちゃ沢山聴いてきた音楽」にしかありませんでした。大量な音楽聴取のインプットを、自分の頭と感性で出力し直すという表現の形であり、そこでの音楽制作の技術や知識というのは、言ってみれば自己流・独学なのです。欲求や必要に応じて、自ら学び、実践してきた人たちがほとんどでした。

日本のポップミュージックの新しい担い手たちが、そうした言うなれば「ちゃんとした音楽理論」に支えられていることは、基本的に良いことなのですが、同時にある種の問題を感じてしまう時もあります。つまり、ものすごく良くできている。しかし踏み外したところがない。破綻《はたん》がない代わりに、過剰や異様な部分もない。聴き手の期待や予想をはみ出してくる部分がないわけです。そうした在り方の対極に、一部のシンガーソングライターや、アイドルソングの作曲に多いものとして、ものすごく無理な転調をしたり、どう考えても繋がらないだろうというパーツ同士を無理やりつなぎ合わせたりするケースもあります。ですが、全体的には「こういうふうに始まったらこういうふうな展開にならざるを得ないよね」という、危な気がなく、ウェルメイドな楽曲が増えているという印象はぬぐえません。要は「学がある」のが、聴いていてわかる。それの何がいけないのか、と言われてしまいそうですが、二〇一〇年代後半以降、かつてのセンス型から、「学」型に移行しつつあるのが実感されます。

「音楽的にちゃんとしている」、ウェルメイドという意味で無視できない存在が「ゲスの極《きわ》み乙女《おとめ》」の川谷絵音《かわたにえのん》です。

川谷絵音（一九八八年〜）は、もともとindigo la Endというバンドでヴォーカルをとっていて、このバンドはどちらかというと「知る人ぞ知る」存在でしたが、テン年代の前半に結成したゲス極で大ブレイクを果たします。ところが、スキャンダルなどいろいろあって、一時はそのまま消えるかと思われましたが、その後見事復活を果たし、ゲス極に加えて、BSテレビ番組の企画から誕生した、お笑い芸人の小籔千豊《こやぶかずとよ》、くっきー！、ｔｒｉｃｏｔの中嶋《なかじま》イッキュウ、作曲家でピアニストの新垣隆《にいがきたかし》、川谷がメンバーの異色のバンド「ジェニーハイ」もブレイクしました。両バンドで、川谷は素晴らしい作曲能力を披露していますが、彼の楽曲も、たいへん「ちゃんと」しています。ひたすら音楽的に筋が通っていて、野生の勘でやっているような部分や、「本当はやっちゃいけないかもしれないけど、でも俺にとってはこれがいいからやる」といった無茶なところは皆無《かいむ》なのです。相対性理論などが持っていたあの抜け感や、ある種の奇形性みたいなものとは対極の音楽性だと言えると思います。

相対性理論は、アマチュアリズムの突然変異みたいな存在でした。そこが素晴らしく、ゆえに注目され支持された。今挙げた「ちゃんとした」アーティストたちには、そうした感覚が少ない。演奏が上手くて、楽曲に破綻がない。非常にウェルメイド。テン年代後半以後のニッポンの音楽の基本モードは、よくも悪くもこの一種の安定感にあるような気がしています。

周縁化するリスナー型ミュージシャンたち

ここで再び、リスナー型であり、センスエリートであるミュージシャンたちの話に戻ります。

筆者は、先ほど名前を挙げたそうしたミュージシャンたち――特にｔｏｆｕｂｅａｔｓ、ｃｅｒｏの音楽を高く評価しています。一定のセールスもあれば、メジャーレーベルで活動もしている。しかし、スーパー大ヒットを出したかというと、そうではない。ここから見えてくるのは、音楽マニアの音楽家がスターになる時代は終わったのかもしれない、という現実です。それは逆に言うと、ＹＭＯや渋谷系のミュージシャンたちが、かつてあんなにもスターとしてもてはやされていたのは、彼らの才能ももちろんあるものの、時代の条件というものが作用していたからなのではないか、ということです。同じように才能があっても、今は、昔のような形では大衆化しない。現在のリスナー型ミュージシャンは、「音楽マニアの音楽家」として、音楽マニアたちに支持される、それ以上の広がりは、なかなか持てない。そういう時代という気がします。

本書で語ってきたようなリスナー型ミュージシャンや、リスナー型ミュージシャン的な音楽というものは、今でももちろんあるのですが、以前よりももっと周縁的な立ち位置になってしまいました。もちろん、ちゃんと売れていたり、評価もされているのですが、かつてのような形で、音楽業界で天下を獲ったりするようなことは起こりにくくなってしまった。

これは、見ようによっては、リスナー型ミュージシャンに限らない現象でもあります。たとえば、本書で筆者は、宇多田ヒカルのことを「最後の国民歌手」と書きましたが、実際にそれ以降、そう呼べるほどの存在は一人も出てきていません。宇多田の登場が一九九八年のことなので、実に二十年以上になる。そう考えると、宇多田が不《ふ》世出《せいしゅつ》の天才だったからではなく、「もう、そういう時代じゃない」と解釈するしかありません。あるいは、「日本がもう、そうした存在を生むような状況ではなくなってしまった」という言い方もできるかもしれません。

では現在、そうしたリスナー型・センスエリートなミュージシャンたち――アマチュアリズムを持ち、いい意味で奇形的な音楽を奏でるアーティスト――の存在しうる土壌がないのかというと、そういうわけではありません。ただ、「そういう音楽だけを好きな人たち」のファン層を、なかなか超えることができず、いわば大衆との交通がなくなってしまっている。つまり、マニアと、マニアではない人たちとの間に、大きな溝、要するに「分断」がある。

しかし、そんな二〇一〇年代後半以降の日本において、その両方から評価され、突出した形で世に知られるようになった存在がいます。星野源《ほしのげん》です。

「無敵」の星野源

中田ヤスタカの後に続く存在として考えると、その活動スタンスや音楽性からもｔｏｆｕｂｅａｔｓということになりますが、「時代の主役」と考えると、どうしても星野源（一九八一年〜）以外の存在が思い浮かびません。

星野はもともと劇団「大人計画《おとなけいかく》」の役者です。そして、同時に「ＳＡＫＥＲＯＣＫ」というインストゥルメンタルバンドをやっていました。しかも、ＳＡＫＥＲＯＣＫは細野晴臣のトロピカル三部作に強い影響を受けたことを公言していた、という意味では、本書で取り上げてきたミュージシャンたちとの連続性も指摘できます。このバンドの解散が二〇一五年のこと。星野の曲は、先ほど挙げた「ちゃんとした」アーティストたちのそれに較べると、そういう意味ではちゃんとはしていません。むしろ変な展開や捻《ねじ》れたメロディの曲が多い。でも、そこがいい。そういう意味では、やはり「勘」と「センス」のミュージシャンの系譜に連なります。

そんな彼に大きな影響を与えた細野晴臣は、一種の天才で、何でもできてしまうけれども、みんなちょっとずつ変なものになるという特徴があります。今しがた挙げたトロピカル三部作などは一番わかりやすい例ですが、「そうした音楽を目指していて、どうしてこんなものが?」というものができ上がる。これはYMOも同様で、一種の「誤訳」のようなものによって、独創的な音楽が生まれているようなところがあります。星野にも、似たようなセンスを感じます。

筆者も、ソロ以降の彼の楽曲を好きで最初期から聴いていましたが(前出の『未知との遭遇』には彼の「ばらばら」の歌詞が引用されています)、とはいえ、ここまで世の人気を獲得するようになるとは正直思っていませんでした。そのきっかけとなったのは、間違いなく『逃げるは恥だが役に立つ』です。

『逃げるは恥だが役に立つ』は、二〇一六年十月に放送がスタートした人気ドラマ(平均視聴率14・5%を記録)で、主演を務めた星野は一挙にお茶の間の大スターになってしまいます。本作で彼は、主題歌「恋」も担当。SAKEROCK後のソロ音楽活動(ソロデビュー自体は二〇一〇年)が、ここで完全に花開きます。これ以前の彼も売れてはいましたが、一般的な人気というよりは、ひと昔前の言葉で言うところの「草食系男子」の象徴のようなイメージで受け止められていた。しかし、このドラマを契機に音楽もやっていることが広く知られるようになり、ミュージシャンとしても一挙にスターダムにのし上がっていきます。しかも、音楽的にも非常に個性的なので、音楽雑誌などの評価も高く、辛口な音楽評論家たちからも、一目も二目も置かれる存在になります。

少々タイプは異なりますが、かつてサザンオールスターズが出てきた時のイメージに近いかもしれません。彼らも、最初はテレビに出てめちゃくちゃなことをやる新人バンドみたいな、いわばとんねるずのバンド版のような扱いでした。しかし、その後、音楽的にも優れていることが理解されていき、一般的な人気に加えて、「ミュージック・マガジン」のような音楽雑誌で年間ベストを記録するようになります。星野も、一般的なテレビの人気ドラマの主役を演じたことによってブレイクしていますが、実力もセンスもあったことから、きちんとクリエイティヴな面でも評価され、いわば「無敵」になった。そうしたことから、ニッポンの音楽の二〇一〇年代後半の最大の主人公は、星野源である、という結論に、ひとまずならざるを得ない、というのが筆者の考えです。俳優にして音楽家でもあり、そのどちらも素晴らしく評価されている、という点で、これまでの本書の主役たちとはかなりキャラクターが異なる彼ですが、しかし、作曲家としての癖の強さ、変さという意味では、継承者でもある。彼の音楽はどれを聴いても、ものすごく個人的な感情を起点に作っている感じがあります。しかも、「学」の有無以前に、まるで鼻歌で作ったかのように聞こえる楽曲が、ここまで一般的にも、玄人《くろうと》筋にも評価をされるというのは、やはりこれ以前には考えられませんでした。もちろんテレビやメディアの力というのも圧倒的に大きいとは思いますが、こうした存在が日本にいてくれることは、素直に好ましいと思っています。

KポップとSony Music

少し話は逸《そ》れますが、今のニッポンの音楽というものを考える時に、どうしても比較対象として登場させざるを得ないのが、Kポップの存在です。実際、近年日本でのKポップ人気はものすごく、一大産業となって久しい（筆者自身が近年、急速にKポップにハマってしまった人間の一人です）。彼ら・彼女らが「なぜこんなにも人気を博しているか」を検証することは、ニッポンの音楽の未来を考えた時に、非常に有益なことだと思います。

今年二〇二二年は、「Kポップの当たり年」と言われていて、優れた新人アイドルがいくつもいくつも出てきています。そんな中の一つに、Kepler（ケプラー）というグループがいます。

Keplerは、「Girls Planet 999（ガールズプラネット999）」という、韓国のサバイバルオーディション番組をきっかけに二〇二二年にデビューした九人のメンバーで構成されるグループです（なお、韓国には、こうした形式の番組が非常に多いです）。

先日、彼女たちが一発撮りのパフォーマンスを収録するネット番組「The First Take」に出たことで、「ただ可愛いだけじゃなくて、歌も超絶上手い」ということが大きな話題になりました。「The First Take」はＳｏｎｙ Ｍｕｓｉｃが制作しているので、基本的にはＳｏｎｙの所属アーティストの出演がメインになります。Keplerの日本でのリリース元もＳｏｎｙ Ｍｕｓｉｃです。

あるいは、彼女たちよりももっと売れているＩＶＥ（アイヴ）というグループもいます。彼女たちは、二〇二一年末にデビューしました。二〇二二年もっとも勝利を収めた韓国ガールズグループはどのグループか？と問われれば、今のところＩＶＥということになるだろう、というレベルで人気もクオリティも随一ですが、目前に控えた彼女たちの日本デビュー元も、やはりＳｏｎｙ Ｍｕｓｉｃです。

現在の日本の音楽業界は、Ｓｏｎｙ Ｍｕｓｉｃの存在感が非常に強い状態になっています。海外のアーティストが日本デビューしようと思ったら、ファーストチョイスはＳｏｎｙという判断になるのではないかと思います。

Ｋポップは、グローバル展開を志向しているので、そもそも韓国国内だけで勝負しようとは思っていません。韓国には「四大事務所」と呼ばれる大手音楽事務所があり

（ＳＭエンターテインメント、ＹＧエンターテインメント、ＪＹＰエンターテインメント、ＨＹＢＥ）、それぞれに大人気のアーティストやグループがいて、なおかつそれ以外の事務所でも、数多くのスターが登場してくる。つまり、韓国の音楽業界には健全な競争がある、ということです。

一方、日本の音楽業界では、すでにそうした競争は失われて久しい。そして、似たようなことが、音楽だけではなく、他の分野にも言えるのではないかと思います。日本のコンテンツ・ビジネスの必勝法は、要は「国内向け」に特化する、ということだと思います。国内でとにかく勝つことだけを考える、外には出ていかない、という方式です。つまり、韓国とは考え方がまったく真逆なのです。

映画やドラマもそうですが、韓国は国内需要だけでは成立しないから、世界に出て行くしかない。そして実際の成功例もある。音楽ではＢＴＳという圧倒的な成功モデルがあるので、グローバルグループに可能性があることは、実感を持ってわかっている。一方、日本の場合は、なまじ国内での売り上げがそれなりに維持されてきたことから、海外デビューするというモチベーションがない。そのことが、おそらくこの後、真綿のようにして日本の音楽業界の首を締めていくことになるのではないか、と筆者は危惧《きぐ》しています。

エイベックスの新たな挑戦

そんな中、Ｋポップ的なるものへの応援として、かつて小室哲哉や浜崎あゆみとともに一世を風靡したエイベックスの動きには注目しています。

エイベックスが「ＸＧ」という非常に斬新な女性アイドルグループを作り、注目を集めています。ＸＧのメンバーは全員日本人ですが、彼女たちは英語でしか歌わず、かつ韓国でデビューしました。エイベックスは日本全国各地にアーティスト養成学校のようなものを持っているので、そこでめぼしい子を集めて、選抜をする。まだ十代前半の子たちです。そして何人かに絞った後、韓国のプロデューサーに預けます。そして、韓国でＫポップ流の訓練をする。そしてデビューを果たしました。曲は、現在まだ二曲しか出していませんが、どちらも完全に英詞の曲です。

つまり彼女たちは、フォーマットとしてはＫポップなのですが、韓国語で歌うわけでも日本語で歌うわけでもなく英語で歌い、全員が日本人で、しかし韓国でデビューし、しかも現地のリスナーにも受け入れられたのです。それはやはり、メンバーの歌唱やダンス、そしてビジュアルのレベルが、Ｋポップとじゅうぶん張り合えるほど高いからです。そもそも現在のＫポップのグローバルグループには日本人メンバーも結構いるのですが、彼ら彼女らのレベルは非常に高い。だからこんな言い方も変かもしれませんが、日本人にだってKポップはやれるのです。

XGはひとつの実験としても、考え方としてもものすごく面白い。つまり、日本人でもKポップ的な、世界を見据えたグループを創造し得る、ということのひとつの証明になったからです。要は日本に、Kポップのような世界照準のコンテンツを育てたり、世に送り出したりするシステムがなかったのが問題だったのだ、ということを明らかにしたのがXGだったのです。

ファンサービスをめぐって

Kポップに拮抗《きっこう》し得るかもしれない存在を日本で見出そうとすると、一番可能性を持っているのは「ハロー！ プロジェクト」だと思います。ハロプロのモーニング娘。やアンジュルムなどのグループは、ポテンシャルとしては世界商品になり得るし、実際に海外ツアーもしていました。しかし、新型コロナウイルスの流行でそれらの活動ができなくなったことで、「外」に向けての模索は失速してしまいました。

日本のアイドルによく指摘される問題が、いわゆる「接触」です。つまり、握手会とチェキをやらないと商売が回らない。コロナでそうした営業活動ができなくなったことで、一時は危機的な状況になった。

もちろん、Kポップにもファンサービスの側面はあり、ファンミーティングなどは頻繁に行われています。ただ、日本との大きな違いがあります。握手会やチェキのような、あからさまな接触商売みたいなことはほとんどない。これは、韓国がそうしたことに対して倫理的に厳しい文化があるからです。

また、これは筆者自身がKポップにハマって初めて知ったことですが、日本では普通、ライヴやイヴェントで演者を勝手に撮ってはいけないというルールがあります。しかし、Kポップでは、基本的にOKということになっている。そして、撮影したものをインターネットにアップすることも容認されている。それらは、いわゆる「ファンカム」と呼ばれ、事務所が上げる公式の動画より先に、ネットにどんどんアップされていきます。これによって何が起きるのか。あるアイドルの同じステージのファンカムがネット上に溢れ、世界中の人がそれを見て、結果的にさらに人気が広がっていくという現象が起こる。これはジャニーズを筆頭に、肖像権で商売をしている日本とは、大きな違いです。日本でそんなことをすれば、即削除されて終わりです。韓国は、そこをゆるめることで、接触商売のようなものに手を出さずして、ファンの取り込みに成功しているわけです。

韓国のこうしたカルチャーを目にするにつけ感じるのは、ビジネスとして開放的でいいな、ということです。日本的な囲い込み型の、いわば「僕だけの」を錯覚させるような形で、並んで個別に握手をする機会を設けるのではなく、全部見えている状態で、アイドルと交流する機会を作る。オープンでフェアだから、ファンものすごく盛り上がるし、このグループのために何でもやってあげよう！ みたいな気持ちにもなる。その結果、ニューヨークのＢＴＳファンたちが協力し合って、他に何の助力もなしにＮＹのタイムズ・スクエアに彼らの巨大なポスターを貼る、というサプライズを成し遂げた有名なエピソードなどが生まれるわけです。

日本は、内閉型、内部独占型のビジネスモードなのです。シェアをベースにした考え方はまだない。ＢｉＳＨを擁するＷＡＣＫのように、ステージの撮影をＯＫにしている一部の例外はありますが、まだまだ少数派です。

ニッポンの音楽の「発見」

では、そこで考え得るのは、日本の音楽ビジネスも韓国的なやり方に振っていったほうが、延命、あるいは復活の可能性があるのか？ という問いです。

少なくとも、先ほどの話のように、「対ファン」というところでは、まだまだやれることが残されているように思うのです。例えば今、ＳＮＳや動画サイト――Instagram や Tiktok、Youtube といったツールが世界的に機能している現在、Kポップのアイドルたちは、いわゆる自撮りコンテンツに力を入れています。内容としては、ライヴが終わった後にホテルに帰ってきて、自分で自分を撮ってファンに話しかける、といった内容ですが、これを楽しみにしているファンも多い。いわば、オフショット的なコンテンツとして機能しているわけです。つまり、単純に音楽をやるだけではなくて、それと同時に、リアリティ番組みたいなことも自らできてしまう。もちろん、それで疲弊して、やめたり離脱したりということが一方で起こっているため、一概に全肯定はできません。ＢＴＳも活動休止する時に、「Kポップのアイドルは人を成長させないシステムだ」という発言をしていて、光があるところにはやはり闇があるのか、と思うのと同時に、それをアジア発でこれだけ成功しているＢＴＳに言われてしまったら、日本はどうしたらいいんだろう……と思ったりもするのですが。いずれにせよ、ＳＮＳやＹｏｕＴｕｂｅの使い方というのは、日本のエンタメ界隈の人たちももっと考えていけるはずだし、そこに少なからず可能性があることは間違いないと思うのです。つまり、「対ファン」というところで、まだまだやれることが残されているのではないか。

少し話はズレますが、近年、インターネットを介して面白い動きが見られます。はっぴいえんど世代のミュージシャン——つまり七〇年代くらいの、いわゆる最初の日本のニューミュージック的なもの——大貫妙子などを始めとする女性シンガーの作品や、八〇年代のニューウェーヴ的な作品が、海外で人気を博すという現象が、この十年ほどの間に起きているのです。そして、その契機は、海外のファンが勝手にネット上にアップした音源だったりします。それを聴いて、世界中の音楽マニアが日本のニューミュージックを「発見」する。日本人にとって、大貫妙子は超ベテランのミュージシャンです。でも、海外の人の耳には、初めて知ったよくわからない言語で歌われる、意味はわからないけどものすごくポップな音楽、というふうに聴こえる。つまり、新しい、魅力的な音楽として受け止められるわけです。

こうした現象は、インターネットベースでものすごくたくさん起きていて、その結果、日本の場合権利で縛られていることが多くて難しい面もあるのですが、日本のメジャーレーベルから出ていた、かつての「名盤」が、海外のレーベルからヴァイナルで復刻されるということが盛んになっています。マーケットとしては、決してそこまで大きなものではありませんが、でも「ある」ということが大事です。今のところはまだ、過去の名作の中でのみ起こっている動きですが、これを、なんとか現在形に持っていければ、日本の音楽業界も変わってくるのではないでしょうか。つまり、日本語で歌われた日本の曲が、そのままの形で海外で受け入れられる可能性です。ただ、いろいろと不確定要素があることも事実です。

たとえば、韓国語は子音が強い言語なので、英語との親和性が高い。特に最近のKポップの歌詞は、フレーズの中に英語と韓国語がシームレスに混ざっているものが多いですが、日本で同じことをやると、どうしても変な感じになってしまうという問題がある。日本語は母音が強いので、英語との親和性が低いのです。これはラップにも似た問題があり、アメリカのラップみたいなことを日本語でやろうとすると謎の巻き舌になってしまう。そうならないようにすると、スチャダラパーやTOKYO No.1 SOUL SETのような、いわばポエトリーリーディングに近い形のラップになる。そもそも、日本語が英語的なリズムやビートに乗りにくいという根本的な条件もある。Kポップがグローバル化できたのは、韓国語が持っているリズム感とも無関係ではないように思います。

グローバリズムか？　ローカリズムか？

では、日本のアーティストが言語の壁を越えるためには、どのような可能性があるのでしょうか。先ほども言及したように、八〇年代の日本のニューミュージックがネット経由で発見されたようなケースはありますが、現状ではひとまず「英語で歌う」という形しかありません。それは、英詞を採用したONE OK ROCKや、もともと英語ネイティヴである宇多田ヒカルのような形の、ある種の成功例を生みました。しかし、これはそれなりにハードルが高く、これまでも英語で海外に打って出たものの、あまり上手く行かず帰国と相なったケースも枚挙にいとまがありません。では「日本」をそのまま出す形で、世界に出ていく手はないのでしょうか。

これを実現しているケースが、他ジャンルの演劇には確認できます。それは、岡田《おかだ》利規《としき》のチェルフィッチュです。

チェルフィッチュは頻繁に海外に招聘《しょうへい》されて公演を行っています。今や世界初演はヨーロッパの方が多い。もちろん、公演には字幕が付くわけですが、セリフはもちろん日本語です。しかも、完全に日本ローカルな内容を世界中でやっているというのが、彼らの特異な点でしょう。

岡田の出世作である『三月の5日間』は渋谷のラブホテルでの話ですが、それをそのままドイツでやる。あるいは、日本のコンビニが舞台の『スーパープレミアムソフトWバニラリッチ』をフランスで上演する。これは、つまり「ローカリズム」です。

文化におけるグローバル戦略とは、まずは西欧世界での成功です。そのためには、やはり英語を使えるかどうか、というのがひとつの大きな壁になってきます。しかし、これをはなからやめてしまう。その代わり、「あなたはこの国のことを知らないかもしれないし、その国に行くことも、その国の人と会うことも今後ないかもしれないし、話してる言葉も理解できないでしょうが、ある国の、ある場所では、こういうことが起きていて、それは、すごくローカルな出来事でありながら、ある意味では、あなたにも思い至ることがありますよね」という話として提示するわけです。

ローカリズムを極めて普遍性＝グローバルへと突破するというのが、チェルフィッチュの戦略で、これが非常に上手くいっている。こうした方法での成功は映画の世界でも起きています。

映画の場合、ヨーロッパの国際映画祭のコンペティションで勝てる映画、たとえばカンヌ映画祭でグランプリを獲るような作品を目指すことになるわけですが、是枝裕《これえだひろ》和《かず》監督の『万引き家族』（二〇一八年）は、チェルフィッチュと似たローカリズムを採用して成功した例だと言えるでしょう。やはり、ある国の、ある社会問題を描いていながら、それは他の国の社会とも通底する問題であるという見せ方をする。韓国のポン・ジュノ監督の『パラサイト　半地下の家族』（二〇一九年）もこのやり方です。

つまり、世界を視野に入れた時に、グローバリズムと、その対極にあるローカリズムという二種類の選択肢があるわけです。この二つのどちらかでやるとして、ニッポンの音楽が、Ｊポップが海外に出て行こうと考えた時、どちらの方式を採用すべきなのか。前者はＸＧですね。後者は、ある意味では前述の大貫妙子らの再評価に近い。ただ、その「現代版」を想起しようとした時に、どのような形がありえるのでしょうか。

こうした視点に立った時、二〇一〇年代の後半に登場した、もう一人のキーパーソンの存在が浮かんできます。それはシンガーソングライターの折坂悠太《おりさかゆうた》です。

「ネタ」から「マジ」へ

折坂悠太（一九八九年～）は、「のろしレコード」という、同じくシンガーソングライターの松井《まつい》文《あや》、夜久《やく》一《はじめ》と共に立ち上げたインディペンデント・レーベルから登場しました。彼は現在、「ミュージック・マガジン」の表紙になったり、音楽マニアや音楽ジャーナリズムでの評価がものすごく高い。かつ、テレビドラマ『監察医　朝顔』に主題歌として提供した「朝顔」がヒットするなど、一般的な評価も受けています。彼は、星野源に続き、現在のニッポンの音楽の「主人公」に位置付けられるように思います。

　折坂の音楽には、音頭や演歌まで入った日本的な要素と、海外の先端的な音作りが巧みにミックスされており、音の扱い方はすごく西洋的ですが、歌の醸し出す情緒や、楽曲の持っているイメージは非常に日本的です。「ノスタルジックな日本」とモダン・ミュージックを混ぜるという独特の音楽性に加え、声がすごく良い。折坂のようなスタイルのミュージシャンは増えてきているので、現在のニッポンの音楽シーンは、「日本（の音楽）」再発見のようなモードにあるのかもしれません。

　ここで思い出されるのが、YMOです。YMOは存在自体が非常に倒錯的なプロジェクトでした。第二章で書いたように、彼らは「『外』に向けては『日本』や『アジア』を象徴的に背負い、西欧人のテクノ・オリエンタリズム的視線を誘導することで注目を集め、翻って『内』においては、先んじた『外』での評価という事実を梃子にして、いわば舶来品のような扱いで人気を獲得」しました。

　つまり、西欧人には日本人と中国人の区別もつかないみたいなことを戦略的に利用して、敢えてフェイクをやってみせたわけです。そうした、いわば「ネタでやる」という部分が、見事に結晶化したのがYMOであり、細野晴臣の「トロピカル三部作」だった。非常に倒錯的な、ポストモダン的なやり方です。でも、現在のニッポンの音楽シーンにあるのは「ネタ」ではなく、どこまでも「マジ」なのではないか、という気がします。

考えてみれば、八十年代末に生まれた折坂にとって、古き良き日本の大衆音楽、民謡や演歌などといったオールドスタイルのジャパニーズ・ポップスは、リアルタイムでは出会うことのなかった未知の新鮮な音楽です。彼は海外の音楽シーンの最新の動向に対するのと同じような感覚で、日本のかつてのポピュラー音楽にアプローチしているのかもしれません。そこにはYMOのようなアイロニーはない。アイロニーが成立する文化的な基盤＝文脈がすでに存在していないからです。だからある意味では純粋に「日本」を再発見、いや、新たに発見しているのだとも言えるでしょう。折坂自身の意志や考えとは無関係に、こうしたベクトルが事によると危ういナショナリズムに繋がってしまいかねないという一抹の不安も感じなくはないのですが、ここにはチェルフィッチュとはまた違ったやり方でローカルをグローバルへと転換できる可能性がほの見えているように思えます。

折坂のようなタイプのミュージシャンは、おそらく今後もっとたくさん出てくる気がしますし、彼らが海外でどういうふうに受け取られるのかには、すごく興味があります。折坂的な「敢えてのジャポニズム」が、現状を打開する手段としての可能性を秘めているようにも思うからです。

言語の壁を越える

海外進出に伴う英語の壁問題を考えた時に、インターネット——ＳＮＳや動画サイトによって圧倒的に変わった点があります。英語をメインの言語とする者が、英語以外の言語の音楽にかんして寛容になってきた、ということです。

昔は、歌詞の意味がわからないと、海外で受け入れられるのは難しかった。それが西洋の音楽リスナーのベーシックな態度だったのですが、その固定概念が溶解してきたように感じています。それは、おそらくインターネットで大量に見る／聴くことができるようになったから、です。

Ｋポップのグループは、世界ツアーを頻繁に行います。たとえば、日本でも開催された「Ｋコン」というパッケージショーがあり、人気アーティストたちが世界中を回ります。前述のように、Ｋポップでは撮影が許可されているので、動画サイトには、世界各国で撮影されたファンカムが多々アップされています。これを見ると、観客が歌っている姿を確認できます。いわば、韓国語がわからないまま、「耳コピ」でシンガロングしているわけです。

同じようなことが、日本語でもできないことはないと筆者は思います。少なくとも可能性はある。ハマらせることさえできれば、外国で観客に日本語で歌わせることだってできるのではないか。もっとも現状では、リスクを取ってまで賭けに出る者は少ないでしょう。そんなことをしなくても、日本の中でなんとかやれてしまうからです。本当にビジネスとして回らなくなってきたら、変わってくるのかもしれませんが。

これは翻ると、日本人の音楽聴取の特性をも浮き彫りにします。少なくとも九〇年代半ば頃までは、日本には洋楽を聴く層が一定数いて、アメリカのメジャーな音楽がヒットチャートに上ることも珍しくなかった。でも、そうした洋楽リスナーの大半は、ネイティヴに英語がわかるわけではありません。つまり、「音」として洋楽を聴いていた。そういう意味では、日本人はもともと「理解できない言語の音楽を『音』として（のみ？）聴ける能力」を持っていたということが言えます。インターネットで海外のアーティストの動画が膨大に共有され、異国の言語に「慣れた」今、世界がようやく日本に追いついてきた、という考え方もできなくはありません。であるならば、折坂悠太のようなローカリズムの音楽が、「日本語」のままでグローバルな世界で勝負し得る可能性というのも出てくるわけです。

ネットが加速させたファンダム

本章では、サブスク以降のニッポンの音楽シーンについて、隣国である韓国のKポップのことなども交えつつ、その問題と可能性について考えてきました。ここでふたたび、最初の「サブスク」の話へと立ち戻ってみたいと思います。

すでに述べたように、サブスクが出てきたことで、わたしたちは容易に多様な音楽が聴ける状況になりました。しかし、にもかかわらず、実際にはむしろ一極集中になりがちで、なぜか同じ曲ばかり聴かれるという現象が起こった。これは見方を変えると、「音楽を聴く」という行為の動機や欲望が薄まってきたことの表れのようにも思えます。しかし、もう一方では、濃くなる部分もあります。それはいわば、ファン的な受容において観察できるものです。

ここ二十年くらいをかけて、日本では音楽——具体的にはCDなどの音源がどんどん売れなくなっていきました。とはいえ、売れなくなればなるほど、なんとかして利益を上げなければならない、ということになる。そのひとつの解決法というのが、俗にAKB商法と呼ばれるものでした。CDに握手会券やチェキ会券などを付けることで、一人が複数枚のCDを買うような流れを作りました。以降これが一般化し、日本のアイドル（だけではありませんが）は基本的に皆こうした売り方をするようになって久しい。

ただ、これはもう、実際には「音楽」ではなくコミュニケーション商売なので、根本的に音楽を救ったことにはならない。しかし、ひとつの在り方として、ニッポンの音楽を延命させてきたのもまた事実です。これと形は違えど、根底の部分で似ているのが、アルバムやシングルにＤＶＤなどの付加価値を付けることで、商品の単価を吊り上げる方法です。これもアイドルに多い話ですが、新曲などの音源自体は二、三曲しか入っていないにもかかわらず、価格は今や五千円以上することも珍しくありません。これは、絶対に買ってくれるファンの数が見えているからこそできる商法です。さらに、その数がこの後、減少していくことがわかっていれば、売上を調整するためには、その人たちに払わせるお金（単価）を上げるしかないということになります。

十年くらい前に（すでに、それが誰だったかも覚えていないのですが）、ネットである女性アーティストのインタビュー記事を読んだのですが、その人は「ファンの皆さんのために」ということをことさら強調していました。それは、今となってはマーケティング的に普通のことですが、当時の筆者は、その発言に微妙な違和感を覚えました。なぜかと言えば、そこには熱心なファン以外の人や、これからファンになるかもしれない人に対しての目線が欠けているように思えたからです。「とにかく今、私のファンである人だけを大切にします」という宣言に読めてしまい、いくらなんでも閉じすぎてはいないか、という気持ちになってしまったのです。

これは筆者が、常に「未知なるもの」に意識を向けていること、そして「これから好きになるかもしれない人」に向けていつも文章を書いているつもり、という意識が特に強いから感じた違和感だったのかもしれません。でも、今思うと、その人は「早かった」ということも言える。

これはべつにミュージシャンに限った話ではありません。たとえば、作家にとってもファンサービスみたいなことはすごく重要になっていて、だからこそ本を出せば刊行記念イヴェントが組まれるわけです。もちろん、ファンを大事にするのは大切なことですが、ものすごくドライでネガティヴな言い方をしてしまうと「新しいお客さんが増える可能性が極めて低まっているので、今いるお客さんをガッツリ摑んでおこう」みたいな事情も透けて見える気がするのです。こうした構造が顕著なのがアイドル業界ですが、しかし基本的にあらゆるところでそうしたことは起こっている。しかし、日本はやや歪《いびつ》な形で特化していると思いますが、これも日本だけの現象ではなく、世界的なものだと言っていいでしょう。そして、なぜそうなったのか？を考えると、やはりインターネットとSNSのせい、ということになるのではないかと思います。

かつて日本で「おたく」と呼ばれていたようなメンタリティが、今では「何らかの趣味を持っている人たち」にあまねく共有され、みんな「おたく」になったという感じがしています。しかも、世界レベルで。「おたく」は、かつては孤独になりがちでしたが、世界に開かれたら同好の士は結構います。今はインターネットベース、SNSベースでそうした人たちが繋がり合うことで、無視できない規模にまで大きくなることもある。だからこそ、アーティストはファンダム的なものを前提にすべてを考えなければならないし、すでに今、それは文化ビジネスのベースになって久しい。

災厄とファンベース

こうした「ファンベース」の視点は、近年マーケティング分野でも注目が集まっています。佐藤尚之《さとうなおゆき》の『ファンベース：支持され、愛され、長く売れ続けるために』（ちくま新書）という本があります。彼は、ファンというものを「支持者」と捉えた上で、「ファンとは企業やブランド、商品が大切にしている価値を支持している人」と規定します。要するに、とにかくその「価値」を支持してくれる人を徹底的に押さえれば、基本的に商売は堅い、ということです。これは、言ってしまえば、ライトな

「信者ビジネス」とも言えると思います。そして、ファンベースの商売というのは、やはりそういう視点がないと成り立たないのかもしれません。この本のアマゾンの紹介文に、非常に分かりやすい文章があったので引用します。

ファンベースの基本的な考え方は、「共感」から「熱狂」へ、「愛着」から「無二」へ、「信頼」から「応援」へ

こうしたことになっている背景には、日本の経済的なコンディションが悪くなりすぎて、もはや文化的なものにお金が使えなくなっていることも大いに関係していると思います。つまり、お金を使う動機のハードルが、ものすごく上がってしまったということです。昔のように、なんとなくの「嗜《たしな》み」で買ってみるということや、面白そうだから、というような軽い理由では、お金が使えなくなっている。そういうふうになってくると、価値観とは別の動機づけで、「買わないではいられない」「買わないと自分のアイデンティティが損なわれる」くらいの感じにしないと、商売が成立しないという部分があるのだと思います。ただこれは、もはや音楽云々の話ではなく、単純に日本が貧乏になったから、という話であり、景気が良くなれば、いろいろなことが変わってくるのに違いないのですが……。

ただ、日本に顕著だとはいえ、繰り返しますが、こうしたことは世界的な現象です。そして、マーケティングの分野のみならず、文化研究の分野でも「ファンベース」というのは注目されているトピックです。たとえば、米南カリフォルニアでデジタル時代の参加型文化やファンダムについて教えるヘンリー・ジェンキンズに『コンヴァージェンス・カルチャー：ファンとメディアがつくる参加型文化』という著作があります。「コンヴァージェンス」は「収斂する」といった意味がありますが、この本を一言で説明するなら「参加型文化について書かれた本」ということになるでしょう。ここには、日本で言うところの「ファンサービス」というものも含まれています。

この本のまえがきの部分で、ジェンキンズは「私のいうコンヴァージェンスとは」と、三つの要素を挙げています。

①多数のメディアプラットフォームにわたってコンテンツが流通すること　②多数のメディア業界が協力すること　③オーディエンスが自分の求めるエンターテインメント体験を求めてほとんどどこにでも渡り歩くこと　という三つの要素を含むものをいう。コンヴァージェンスとは技術の変化・産業の変化・文化の変化、さらには社会の変化などを巧みに記述する用語なのだ。

やや曖昧な意味合いはあるのですが、①の「多数のメディアプラットフォーム」はSNSのことと言って問題ないでしょう。②の「メディア業界が協力」は、日本でいうならKADOKAWAがやっているようなことであり、出版事業も映像事業もゲーム事業もウェブサービス事業も、総合的にやるという経営方針のことです。③は、そのまま「ファンベース」のことです。この三点は、インターネット社会のひとつの帰結の在り方として、先進諸国のみならず、世界中で起きていることだと思います。『コンヴァージェンス・カルチャー』では、こうした事態が生じてきたひとつの出発点に「9・11以降」を置きます。

興味深いのは、日本において、この本で描かれているような現象がかなり突出した形で見られるようになったのが「3・11以後」だということです。大きな災厄《さいやく》があって、それによって社会が動揺し、今後もまた突発的に起こり得る予期せぬ出来事に備えておかなければならない——という心理が広がった社会の中では、「お金は使えない（有事の時のためにキープしておかなければ）」というような心理もまた蔓延して当然です。そうなると、それでもお金を使いたくさせるにはどうすればいいのか、ということになってくるわけです。

「日本（語）だから無理」ではない

筆者には、そこにあるビジネス的な、文化を救出する／延命させる可能性は認めつつも、やはりファンベースみたいなものが現在形の問題の根幹にあり、もっと強い言い方をするなら、ある種の「病」みたいなものを示しているとも思えます。しかし、その一方で、それがなければニッポンの音楽はもっと無残に崩壊していたかもしれない、ということも言えます。かといって、ここまでお話ししてきたような現状が、ドラスティックに変わり、かつてのような「ニッポンの音楽が元気だった」時代が還ってくるということも、今はあまり想像できない。

結局のところ、やはり経済的なコンディションの話になってしまうわけです。日本の景気が今後良くなる要素が今のところほとんどないので、本当のところでやるべきは「良くなるために何かを変える」であり、そういう意味では、それこそKポップなどから学べることはすごくたくさんある。しかし、根深い嫌韓感情が足を引っ張ったり、あるいは、日本は国内消費が冷え切ったといっても、まだあると言えばある。それらが腰を重くさせている部分も、間違いなく存在しているでしょう。むしろ、もっともっとダメになっていったら、最終的にどうにかしなければならなくなり、業界が全体で動くことも考えられますが、そのまま「終わる」という可能性もなくはない。

もともとニッポンの音楽というのは、「外」を「内」に取り込むことで生じる、ある種の「変容」というのがベースにありました。それが、クリエイティビティを駆動していた。しかし、どんどんドメスティックになりつつある日本の社会においては、「外」のものを「内」に取り込むこと自体もなされにくくなっていて、「内」だけで循環する世界になりつつある。こうした、いわゆるガラパゴス状態が極まっていくという未来しか思い描けないのか？　それとも、なんらかの形でグローバル化に舵を切る可能性に期待できるのか？

こうした視点は、おそらく、これからのニッポンの音楽というものを考える上ですごく重要ですし、避けて通れないのではないでしょうか。また、その時に、「英語の壁」や「日本＝島国」という特殊条件によって「だから、絶対に無理」とはならないということは、すでに韓国を始めとする他国のケースが証明しているので、筆者個人の気持ちとしては、やはりそこに賭けて頑張ってほしいと思っています。

さて、ニッポンの音楽は、これからどこに向かうのでしょうか？

文庫版あとがき

本書は二〇一四年十二月に講談社現代新書として刊行された『ニッポンの音楽』の文庫版である。今回新たに、二〇一五年以降、二〇二二年末の現在までに至る動向について述べた補論を追加した。「増補・決定版」と称するゆえんである。

私は一時期、オリジナルの新書と、同じく講談社現代新書の『ニッポンの思想』『ニッポンの文学』を併せて「ニッポン三部作」と呼んでいた。最初からシリーズにするつもりだったわけではなく、数年ごとに一冊ずつ書いていったのだが、結果として「思想」「音楽」「文学」にかんする私なりの「歴史書」の連作になった。それらはまた、私なりの「日本論」の試みでもあったと思う。

「歴史書」と書くといささか大袈裟だが、あくまでも「私なり」であって、私という個人の視点とフィルターを通した、それぞれの執筆時の現在から当該ジャンルの過去数十年を捉え直したヒストリーということだった。その際、客観性と主観性のバランスが、なかなか難しい。独断と偏見で押し切るほどの自信も傲慢さも持ち合わせていないし、かといって言及すべき事象を余すことなく書き尽くせるほどの知識もなく、たとえあってもそんなに分厚い新書にするわけにいかない。そこで「歴史書」として一貫性を持たせるための工夫が、どうしても必要になった。『ニッポンの音楽』の場合は、各章で設定した「主人公」がそのひとつである。論旨をスッキリさせるために選択した手法であり、主人公たちの選択は間違っていなかったと今も思っているが、刊行後には「はっぴいえんど史観」「細野晴臣史観」などと呼ばれもしたり、あのミュージシャンが出てこない、あの人に触れられてない、ここが足らない、などといった親切だったり辛辣だったりする批判（?）に晒されもした。そうした反応が寄せられるのも最初から折り込み済みで書いたことも確かだが、私自身、ほんとうはそっちに（も）行きたいけれど泣く泣く断念したところも結構あったのである。極私的なメモワールであったなら、私はきっと、たとえばムーンライダーズについて、少なくとも一時期の彼らについて、多くを語ったことだろう（いわば「はちみつぱい史観」?）。

だが、これはそういう本ではない。過不足も偏りもあるだろうが、やはり一種の「歴史書」として読まれることを想定して私は本書を書いた。ここに書かれた「歴史」に同時代的に立ち会ってきたわけではない若い読者の方々は、まず本書の「主人公」たちの「物語」に触れ、そこから流れ出すたくさんの音楽を聴いたうえで、そこからさらに広がっていく、本書では名前が出てくるだけだったり、本書にはまったく登場しない、しかし「主人公」たちに負けず劣らず重要で素晴らしいニッポンの音楽たちに出会う旅へと赴いて欲しい。この意味で本書は広大で豊穣な「ニッポンの音楽」への入り口に過ぎない。そしてできれば、そのさらに向こう側に透けて見えてくる「ニッポン＝日本」にかんして、それぞれに何ごとかを考え始めていただけたらと思っている。

現在の私は、物書きとしての主戦場を音楽から別の文化芸術（それ自体複数ではあるが）に移して久しい。時々、機会に応じて何かを書いたり、大学などで教えたりはしているが、今や――多少ともマニアックな？――音楽愛好者、ひとりのリスナーに過ぎない。それなりに目端は利かせているつもりではいるが、昔あれほど聴きまくり書きまくっていた「Jポップ」関連の仕事からは、ほぼ引退状態である。なので扶桑社文庫の村山悠太さんから文庫化の依頼を受けたときは正直言ってかなり驚いた。実は新書版は当時私が教えていた大学での講義をもとにしていたのだが、村山さんはそれを受講していたのだという。これも何かの縁かと思い、こうして版元を移しての文庫化となった次第。担当編集者として緻密で丁寧な作業をしてくださった村山さんに感謝する。講談社現代新書版の担当編集者だった井本真紀さん、「三部作」の第一弾『ニッポンの思想』の担当であり、同シリーズを通しての後見人であり良き相談相手、そして友人でもある講談社の岡本浩睦さんにも、あらためて御礼を記しておきたいと思う。「補論」の口述の採録と構成は、現代新書版に引き続き辻本力さんの手を煩わせた。ありがとうございました。

補論の最後に掲げておいた問い、すなわち「さて、ニッポンの音楽は、これからどこに向かうのでしょうか？」に、私はまだ明確な答えを出すことはできないし、それは自分の役割ではないような気もしている。だがいずれにせよ、これからそれは少しずつ明らかになっていくのだろう。歴史とは刻々と変化していく現在の軌跡のことであるから。日本のポピュラー音楽、ニッポンの音楽は、過去と現在と未来を縦横に繋ぎながらも、幾つもの不可逆的な変異を遂げてきた、と同時に太くうねる一本の流れをも形成してきた。何があろうと音楽がなくなることだけはけっしてないのだから、今後も私は、ひとりの聴き手として、その複雑で精妙な調べに耳を澄ましていきたいと思っている。

佐々木敦

◉佐々木 敦（ささき あつし）
1964年、愛知県生まれ。批評家。音楽レーベルHEADZ主宰。広範な範囲で批評活動を行う。著書に、『ニッポンの思想』『ニッポンの音楽』『ニッポンの文学』（講談社現代新書）、『あなたは今、この文章を読んでいる。』（慶應義塾大学出版会）、『シチュエーションズ』（文藝春秋）、『未知との遭遇』（筑摩書房）、『これは小説ではない』（新潮社）、『批評王——終わりなき思考のレッスン』（工作舎）、『絶体絶命文芸時評』（書肆侃侃房）など多数。2020年、「批評家卒業」を宣言。同年3月、初の小説「半睡」を発表した。

増補・決定版 ニッポンの音楽

発行日　2023年1月13日　初版第1刷発行

著　者　佐々木 敦
発行者　小池英彦
発行所　株式会社 扶桑社
〒105-8070
東京都港区芝浦1-1-1 浜松町ビルディング
電話　03-6368-8870（編集）
03-6368-8891（郵便室）
www.fusosha.co.jp

印刷・製本　図書印刷株式会社

日本音楽著作権協会（出）許諾第2209361-201号

Printed in Japan
ISBN 978-4-594-09242-9